레츠고 여행일본어

일본어교재연구원 편
손　　건 저

도서출판 윤미디어
YUN MEDIA PUBLISHING CO.

Preface

가깝고도 먼 나라 일본, 우리와 지리적으로 문화적으로 밀접한 관계에 있으면서도, 어딘지 모르게 마음을 터놓지 못하는 나라 일본……. 그러면서도 기술, 경제, 문화 등 모든 분야에서 앞서고 있다고 인정하지 않을 수 없는 것이 현실이다.

이러한 선진 기술, 경제, 문화를 배우기 위해서도, 아니 과거 일본과의 아픈 역사를 되풀이하지 않기 위해서도 일본어를 배우지 않으면 안 된다. 또한 일본의 대중문화가 개방되면서 우리가 접할 수 있는 일본에 관한 모든 것들의 범위도 무한대로 넓어질 것이므로 일본어를 배우는 것은 이제 필수적이라고 할 수 있다.

일본어는 다른 계통의 언어에 비해 배우기가 쉽다는 인식을 가지고 있다. 그것은 어순(語順)이나 어법(語法)구조가 비슷하고 한자(漢字)를 쓰고 있는 점에서 찾을 수 있을 것 같다. 하지만 일본어가 아무리 배우기 쉽다고 하더라도 혼자서 배운다는 것은 결코 쉬운 일이 아니다.

따라서, 이 책은 일본으로 여행, 출장, 비즈니스, 유학 등을 떠나는 사람을 위하여 현장에서 바로 꺼내서 쓸 수 있도록 간편한 회화문으로 구성하였다.

이 책의 특징은……

1. 일본어를 전혀 몰라도 즉석에서 활용할 수 있도록 일상생활에서 쓰이는 회화는 물론이고, 여행시 부딪치는 상황을 각 장면별로 짜임새 있게 구성하였다.
2. 일본어를 읽지 못하는 사람도 사용할 수 있도록 원음에 충실하게 우리말 발음으로 표기하였다.
3. 여행시 도움이 되는 정보를 간략하게 실었다.
4. 각 장면별로 필요한 어휘와, 부록에서는 회화의 기본어휘를 수록하였다.

2002. 4

CONTENTS

기본 회화

- 만나고 헤어질 때 인사 — 14
- 오랜만에 만났을 때 인사 — 16
- 외출·귀가할 때의 인사 — 18
- 작별할 때의 인사 — 20
- 처음 만났을 때 인사 — 22
- 타인·가족을 소개할 때 — 24
- 감사의 표현 — 26
- 사과·사죄의 표현 — 28
- 신세를 졌을 때 — 30
- 축하할 때 — 32
- 위로할 때 — 34
- 방문할 때 — 36
- 방문을 마칠 때 — 38
- 병문안을 할 때 — 40
- 식사할 때 — 42
- 응답 표현 — 44

도착까지

- 기내에서의 서비스 — 48
- 기내에서의 물품 구입 — 50
- 입국심사 — 52
- 짐이 없어졌을 때 — 54
- 세관에서 — 56
- 환전을 할 때 — 58
- 호텔을 찾을 때 — 60
- 공항에서 호텔까지 — 62

호텔에서

- 호텔에서의 체크인 66
- 체크인 트러블 68
- 호텔에서의 룸서비스 70
- 호텔에서의 국제전화 72
- 거리에서의 국제전화 74
- 호텔에서의 체크아웃 76
- 호텔에서의 트러블 78
- 엽서를 보낼 때 80

식당에서

- 식당을 찾을 때 84
- 식당을 예약할 때 86
- 식당 입구에서 테이블까지 88
- 음식을 주문할 때 (1) 90
- 음식을 주문할 때 (2) 92
- 식사 중에 94
- 식당에서의 트러블 96
- 식당에서의 계산 98
- 패스트푸드점에서 100
- 바에서 102

쇼 핑

- 쇼핑의 기본 회화 (1) 106
- 쇼핑의 기본 회화 (2) 108
- 물건값을 흥정할 때 110
- 전자상가에서 112
- 옷가게에서 114
- 가방가게에서 116

5

- 여행 소모품점에서 118
- 보석・액세서리 120
- 스포츠 용품점에서 122
- 물건의 교환・반품 124
- 시내 면세점에서 126

관광・스포츠

- 관광안내소에서 130
- 시내관광 132
- 사진을 찍을 때 134
- 극장・콘서트 136
- 야간 관광 138
- 스포츠 관전 140
- 테니스・골프 142
- 낚시를 즐길 때 144
- 스키를 즐길 때 146

교 통

- 길을 물을 때 (1) 150
- 길을 물을 때 (2) 152
- 길을 헤맬 때 154
- 길을 물어왔을 때 156
- 택시를 탈 때 158
- 시내버스를 탈 때 160
- 지하철・전철을 탈 때 162
- 관광버스를 탈 때 164
- 열차를 탈 때 166
- 열차를 탔을 때 168
- 렌터카를 빌릴 때 170

트러블

의사를 부를 때	174
증상을 설명할 때 (1)	176
증상을 설명할 때 (2)	178
보험과 약	180
도난·트러블	182

귀국

항공권예약 재확인	186
항공편 변경	188
공항까지	190
물건을 놓고 왔을 때	192
탑승 수속	194
공항 면세점에서	196
귀국 비행기 안에서	198

부록

일본어 숫자읽기	202
고유숫자·월일의 표현	203
요일·때를 나타내는 말	204
여러 가지 지시사	205
사람·방향·위치를 나타내는 말	206

일본은 어떤 나라인가?

▶ 국 토 : 일본은 총 국토면적 37만 7,708평방Km로 한반도의 약 1. 8배에 해당한다. 전체 국토는 홋카이도(北海道), 혼슈(本州), 시코쿠(四国), 큐슈(九州)등 4개의 큰 섬과 남서 쪽 중부 등 약 500개의 작은 섬으로 구성되어 있는 섬나라이다. 전체적으로 평지가 협소하여 전국토의 80%가 산지이다.

▶ 행정구역 : 수도인 東京(동경)을 비롯한 大阪(오사카), 橫浜(요코하마), 京都(쿄토) 등 인구 100만이 넘는 도시를 포함하여 650여개의 도시가 있다. 한국의 도에 해당하는 지방자치 행정 단위인 都道府県(도도부현)이 크게 47개로 나뉘어져 있으며, 이들 각현은 크게 6개로 구분된다.

▶ 일본의 역사 : 역사적으로 기원전 3세기 경에 시작되는 청동기시대부터 강력한 중앙집권제 율령체제를 갖춘 국가가 성립되는 7세기 말까지 일본의 문화는 한반도의 고대 3국의 영향을 크게 받았다. 특히 6세기 중엽에 백제로부터 불교가 전래되고 불교를 정치기조로 삼은 왕조는 710년 현재의 奈良(나라)에 광대한 도읍인 헤이죠경을 건설하였고, 그 후 京都(쿄토)로 천도하기까지 약 80년간은 나라시대라고 하는데, 이 시대에 백제, 고구려 유민들이 문화 예술 외에 생활용품 제조기술, 관개시설, 축조기술 등을 일본인에게 전수함으로서 문화개발에 지대한 공헌을 했다. 그 후 왕권이 쇠퇴하여 12세기 중엽에는 무가정권이 들어서 현재의 가마쿠라에 막부를 개설하였고, 1590년에 토요토미 히데요시에 의해 전국이 통일되어 근세 일본의 기틀이 마련되었다. 그 뒤를 이어 도쿠카와 이에야스가 현재의 東京에 새로운 막부를 열어 300여년간 지속되다가 1868년에 신흥세력에 의해 왕정복고가 이루어지고 이때부터 明治(메이지)천황시대가 개막되어 근대산업국가로 들어섰다.

▶ 인 구 : 약 1억 3,000만 명이다.

▶ 종 교 : 약 3,000개의 종교가 있고, 그 중 불교신도가 주류이다.

▶ 기 후 : 북쪽은 아열대로 지역차가 현저하나 (북해도와 오키나와의 기온 차는 약15도) 대부분의 지역이 해양성의 온화한 기후이다. 수도인 동경의 연간 평균기온은 15도이다.

일본 여행 준비

■ 여권 준비

외국에 여행하는 사람의 신분과 국적을 증명하는 서류로 외무부 여권과나 시청, 도청에서 발급 받는다. 일반, 외교관, 관용여권으로 구분된다. 일반여권은 복수여권, 단수여권, 거주여권으로 나뉘며 일반 관광객은 유효기간 5년의 일반 복수여권을 발급 받는다. 여권신청은 개인이 직접 하거나 여행사에서 대행해준다.

▶ 비자 신청
구비서류: 주민등록등본 1부, 사진 3매(3개월 이내), 주민등록증 또는 운전면허증(사본이 아닌 원본), 호주의 주민등록번호
* 해외여행이 처음인 30세 미만 남자 : 공항이나 부두에서 국외여행신고서 작성
* 18세 이하 : 여권발급 동의서(보호자 인감도장 날인), 인감증명서(여권발급 동의용)

발급비용: 5년 45,000원 / 1년 15,000원 / 연장 5,000원
발급소요기간: 7일
유효기간: 복수여권 5년, 단수여권 1년
대행기관: 시간이 없거나 편리하게 처리하고 싶다면 준비 서류를 여행사를 통해 대행받으면 된다.

▶ 발급기관(본인이 직접 만들 경우)
서울: 종로구청, 서초구청, 영등포구청, 노원구청
지방: 각 시청, 도청 여권과 (관용여권은 외무부 여권과)
* 만 8세 미만의 경우는 성인과 같이 단독으로 여권을 만들 수도 있고, 동반자 여권을 만들 수도 있다. 동반자 여권의 경우 보호자의 여권에 함께 포함되게 된다. 그러나 동반자 여권이라 하더라도 비자는 따로 받아야 한다. 필요한 서류는 일반 여권을 만들 때와 같다.

▶ 여권 기간연장
여권의 유효기간이 3개월이 남았거나 유효기간이 지난지가 6개월 미만이라면 새로 만들지 말고 기간연장을 하면 된다. 서류는 새로 만드는 것과 같다. 비용은 5,000원이 든다.

■ 비자 준비

일본에 여행하고자 할 때 일본대사관이나 영사관에서 입국허가를 공식적인 문서로 허용하는 것으로 여권에 기재해 주며 외국에서는 주재국의 일본대사관에서도 발급 받을 수 있다. 비자를 발급 받았어도 입국 심사 때 입국이 거절되는 경우도 있다. 일본관광비자는 유효기간은 1년이며 한 번 입국시 15일간 체류할 수 있다.

처음 비자를 신청하는 사람들에게 1년 90일짜리 복수비자를 주는 걸로 변경이 되고, 과거에 일본을 방문한 경험이 있거나 일정한 소득이 있는 한국인은 체류기간 90일, 유효기간 5년짜리 복수비자를 받게 된다.

▶ 일반적인 필요서류

여권(유효기간이 3개월 이상 남아있어야 함), 여권용 사진 1장(3개월 이내), 주민등록증 사본
* 학생 : 재학증명서
* 회사원 : 재직증명서
* 개인사업자 : 사업자등록증 사본
* 농수산업 종사자 : 농협・수협 조합원증명서
* 무직, 휴학생, 휴직자, 기타 증명서를 제출할 수 없는 경우 : 직계가족 보증인의 직업증명서류, 보증인과 본인이 같이 나와 있는 주민등록등본이나 호적등본

▶ 주민등록 주소지에 따른 발급장소

* 부산, 경남, 경북 : 부산 영사관
* 제주도인 경우 : 제주 영사관
* 나머지 모두 : 서울 대사관

▶ 기 타

* 발급 소요기간 : 통상적으로 접수 후 이틀
* 접수시간 : 개인은 09:30 - 11:30, 여행사 13:30 - 15:00
* 유효기간 : 1년, 3년, 5년
* 일본 체류기간 : 90일

▶ 일본 대사관・영사관 연락처

* 대사관 전화 : (02) 739 - 7400   자동응답 : (02) 736 - 6581
* 일본 영사관 : (051) 465 - 5102 - 6

■ 환 전

출국하기 전에 미리 은행이나 공항의 환전소에서 일본 화폐(엔)로 바꾸는 게 좋다. 고액을 바꾼다면 분실 시에도 안전한 여행자수표를 준비하는 게 좋고 액면가는 고액보다 소액으로 마련하는 것이 사용하기 편리하며 달러로 바꾼 후 일본에서 환전을 해도 되지만 환전수수료를 손해를 본다. 여행자수표의 환전수수료가 현금보다 유리하다.

■ 항공권

여행사에서 단체로 가는 경우에는 문제가 없으나 개인 출발이라면 출발 3일(72시간) 전에 반드시 예약을 재확인해야 한다. 개인 출발시 항공권의 가격은 회사별로 차이가 많이 나며 일본 전문 여행사를 이용하고 직항 노선보다 경유노선을 취항하는 항공편의 가격이 훨씬 저렴하다. 요즈음은 비즈니스맨을 위하여 비즈니스호텔과 조식을 왕복 항공권에 포함한 비즈니스상품을 팔고 있는 여행사가 많다.

■ 기타 준비

일본에서는 의사처방전 없이는 약국에서 항생제 등의 약을 판매하지 않으므로 비상약품은 꼭 준비해 가야 한다.
필름은 우리나라가 싸므로 공항 면세점에서 미리 구입해 가고, 1회용품(칫솔, 치약, 면도기 등)은 호텔에서는 제공되지만 만일을 위해 준비해 갈 것도 좋다. 장기간 여행객이라면 밑반찬을 밀봉된 병이나 팩에 넣어서 휴대한다.

일본 여행 경비

최대한 저렴한 여행 경비를 조달하려면 어디에 얼마만큼의 경비가 필요하고, 여행 경비가 어떻게 구성되는지를 알아야 한다.

■ 교통비

한국과 일본을 오가는 데는 배와 비행기를 이용할 수 있다. 배편이 저렴한 편이지만, 비행기가 시간을 단축하고 왕복이면 할인을 받을 수 있다는 점도 있다. 요금은 성수기와 비수기가 차이가 생기므로 출발 시기의 요금에 주목하자.

■ 일본 국내이동 교통비

일본에서 이동하는 데 교통비는 엄청나게 비싸다. 일반적으로 일본 일주에는 기차여행이 효율적이며 JR패스나 청춘18티켓이라는 기차 할인패스가 유용하다. JR패스는 일본전역에 깔려있는 기차노선인 JR노선을 마음대로 이용할 수 있는 자유이용권이며 청춘18티켓은 일본의 방학기간에 한해 판매하고 이용할 수 있는 할인권이다. (JR패스 일주일 이용권 가격은 28,000엔)

■ 숙박비

여행일수에 따라 숙박비는 달라진다. 일본에는 다양한 숙박시설이 있는데 배낭족이 이용할 만한 숙박 시설인 게스트하우스는 1박에 1,500엔~2,000엔, 유스호스텔은 2,000~2,500엔 수준이다. 동경민박집은 2,500엔~3,000엔 정도 수준이다.

■ 식 비

비싼 물가에 걸맞게 먹어서 없애는 돈도 만만치는 않다. 먹을 만한 음식으로는 면 종류와 밥 종류, 그리고 패스트푸드가 있다. 면 종류는 300엔~600엔 정도, 밥은 500엔~1,200엔 정도면 먹을 수 있다. 그리고 햄버거 가게는 도시에서 쉽사리 눈에 띈다. 역이나 구내매점에서 도시락을 파는데 이동하면서 저렴하게 먹을 수 있어 좋다. 보통 200엔~600엔 정도면 충분하다. (체류일수가 길지 않다면 라면이나 밑반찬을 준비하는 것도 식비를 아끼는데 도움이 된다)

기본 회화

만나고 헤어질 때 인사
오랜만에 만났을 때 인사
외출·귀가할 때의 인사
작별할 때의 인사
처음 만났을 때 인사
타인·가족을 소개할 때
감사의 표현
사과·사죄의 표현
신세를 졌을 때
축하할 때
위로할 때
방문할 때
방문을 마칠 때
병문안을 할 때
식사할 때
응답 표현

만나고 헤어질 때 인사

사람을 만났을 때 하는 인사말은 우리와는 달리 일본어에서는 영어와 마찬가지로 아침, 낮, 저녁에 쓰이는 인사말이 따로 구분되어 있다.

◐ 안녕하세요?
　おはようございます。
　오하요-고자이마스.

◐ 아, 김씨, 어디에 가요?
　あ、金さん、どちらへ。
　아, 김상, 도찌라에?

① 안녕하세요? (아침 인사)

② 안녕? (아침 인사)

③ 안녕하세요? (낮 인사)

④ 안녕하세요? (밤 인사)

⑤ 안녕히 주무세요.

⑥ 그럼, 내일 또 봐요.

⑦ 안녕히 가세요(계세요).

おはよう ございます 영어의 Good-morning처럼 아침에 쓰이는 인사말로 본래는 「빠르십니다, 이르십니다」의 뜻이지만 아침인사로 굳어진 관용적인 표현이다. 친근한 사이나 아랫사람에게는 ございます를 생략해서 가볍게 おはよう만으로도 쓰인다.
こんにちは(今日は)는 본래의 뜻은 「오늘은…」으로 뒤에 「어떠십니까?」 등의 말이 생략되어 관용적으로 굳어진 낮에 쓰이는 인사말이다.
こんばんは(今晩は)도 「오늘밤은…」의 뜻으로 뒤에 다른 말이 생략된 표현이다.

필수 표현

① **おはよう ございます。**
오하요- 고자이마스.

② **おはよう。**
오하요-.

③ **こんにちは。**
곤니찌와.

④ **こんばんは。**
곰방와.

⑤ **おやすみなさい。**
오야스미나사이

⑥ **では、またあした。**
데와, 마따 아시따

⑦ **さようなら。**
사요-나라.

기본 회화

오랜만에 만났을 때 인사

아는 사람을 오랜만에 만났을 때 우리는 흔히 「오랜만이군요」 또는 「별고 없으셨습니까?」라고 하며, 헤어질 때는 「안녕히 가세요(계세요)」라고 한다.

◐ 오랜만이야.
ひさしぶりだね。
히사시부리다네.

◐ 그렇구나, 잘 지냈니?
そうだね、元気にしてたの？
소-다네, 겡끼니시떼따노?

---

① 오래간만이군요.

② 오랜만이군요.

③ 잘 지내십니까?

④ 별고 없으십니까?

⑤ 덕분에 여전합니다.

⑥ 안녕히 가세요(계세요).

⑦ 모든 분께 안부 좀 전해 주세요.

우리말의 「어떠세요? / 어떻습니까?」에 해당하는 말이 いかがですか이다. 이 말 뒤에는 보통 このごろは(요즘은)라는 말을 붙여 쓰기도 한다. いかがですか보다 좀더 공손하고 정중한 표현은 おげんきですか(건강하십니까?)가 있으며, 더욱 정중하고 예의바르게 말할 때는 おげんきでいらっしゃいますか(건강하십니까?)라고 하기도 한다.
이에 대한 습관적인 대답은 보통 はい、おかげさまで(네, 덕분에 잘 지냅니다)라고 하며, 뒤에 이어지는 말을 생략해서 쓴다. おかげさまで 대신에 あいかわらずです(여전합니다)라는 표현을 써도 무방하다.

필수 표현

① **お久しぶりですね。**
오히사시부리데스네.

② **しばらくですね。**
시바라꾸데스네.

③ **お元気ですか。**
오겡끼데스까?

④ **お変りありませんか。**
오까와리아리마셍까?

⑤ **お陰さまで相変わらずです。**
오까게사마데 아이까와라즈데스.

⑥ **ごきげんよう。**
고끼겡요-.

⑦ **皆さまによろしく。**
미나사마니 요로시꾸.

외출·귀가할 때의 인사

외출할 때나 출근할 때, 또는 등교할 때 상대방은 「다녀오세요」라고 하고, 자신은 「다녀올게요」라고 한다.

◐ 다녀올게요.
行ってきます。
잇떼키마스.

◐ 잘 다녀오세요.
行っていらっしゃい。
잇떼 이랏샤이.

---

① 다녀올게요.

② 다녀오겠습니다.

③ 잘 다녀오세요.

④ 다녀왔습니다.

⑤ 어서 오세요.

⑥ 어서 오렴.

⑦ 조심해서 다녀오렴.

외출할 때는 흔히 하는 인사말이 行ってまいります이다. 이 말은 어른 끼리나, 어른이 아이에게, 아이가 어른에게 두루 쓰이는 인사말로 우리말의 「다녀오겠습니다」에 해당한다. 이 말에 대한 응답하려면 行っていらっしゃい(다녀오세요)라고 한다.
집에 돌아왔을 때는 하는 ただいま는 본래 「방금」이라는 뜻이지만 뒤에 来(き)ました나 参(まい)りました 등과 같은 말이 생략되어 관용적으로 굳어진 인사말이다. 맞이할 때 お帰(かえ)りなさい(어서 오세요)라고 하면 된다.

필수 표현

① 行ってきます。
잇떼키마스.

② 行ってまいります。
잇떼마이리마스.

③ 行っていらっしゃい。
잇떼이랏샤이.

④ ただいま。
타다이마.

⑤ お帰りなさい。
오까에리나사이.

⑥ お帰り。
오까에리.

⑦ 気を付けてね。
기오 쓰께떼네.

기본 회화

작별할 때의 인사

우리가 보통 만나고 헤어질 때「가보겠습니다」또는「이만 실례하겠습니다」
라고 하듯이 일본어에도 다양한 작별 인사 표현이 있다.

◐ 안녕히 계세요.
さようなら。
사요-나라.

◑ 조심해서 잘 가세요.
さようなら。気をつけてね。
사요-나라. 기오쓰께떼네.

---

① 이제 가보겠습니다.

② 폐가 많았습니다.

③ 이만 실례하겠습니다.

④ 가까운 시일 내에 찾아뵙겠습니다.

⑤ 그럼, 몸 건강히 안녕히 계십시오.

⑥ 그럼, 또 오십시오.

⑦ 여러모로 신세 많이 졌습니다.

> 동사의 중지형 앞에 상대에 대한 존경의 접두어 お를 붙이고, 뒤에 단정의 뜻을 나타내는 です를 접속하면 존경의 표현이 된다. お~です는 계속적인 동작을 나타내는 동사에서는 과거, 현재, 미래의 동작을 나타낼 수 있다.
> * もう お読よみですか。 (벌써 읽으셨습니까?)
> * 今いま どこを お読みですか。 (지금 어디를 읽으십니까?)
> * いつ お読みですか。 (언제 읽으실 겁니까?)

필수 표현

① もうおいとまいたします。
모- 오이또마이따시마스.

② お邪魔いたしました。
오쟈마이따시마시따.

③ これで失礼いたします。
고레데 시쯔레-이따시마스.

④ 近いうちにおかがいいたします。
치까이우찌니 오우까가이 이따시마스.

⑤ じゃ、お元気でさようなら。
쟈, 오겡끼데 사요-나라.

⑥ じゃ、またいらっしゃってください。
쟈, 마따 이랏샷떼 구다사이.

⑦ いろいろお世話になりました。
이로이로 오세와니나리마시따.

기본 회화

처음 만났을 때 인사

일본어에서도 우리와 마찬가지로 처음 만났을 때는 はじめまして라고 한 뒤 자기소개를 한다.

◐ 만나서 기쁘군요.
お会いできてうれしいですね。
오아이데끼떼 우레시-데스네.

◐ 저도요.
わたしもよ。
와따시모요.

---

① 처음 뵙겠습니다.

---

② 처음 뵙겠습니다, 잘 부탁드립니다.

---

③ 저야말로 잘 부탁드립니다.

---

④ 저는 홍길동입니다.

---

⑤ 저는 홍길동이라고 합니다.

---

⑥ 만나게 되어 무척 기쁩니다.

---

⑦ 뵙게 되어 기쁘게 생각합니다.

どうぞ는 상대에게 어떤 행위를 승인하거나, 권하거나, 부탁할 때 쓰이는 말로 영어의 please와 비슷한 말로, 다른 말은 몰라도 이것만 알고 있으면 일본에서 말이 통할 수 있다는 아주 편리한 말이다.
よろしく는「잘, 적당히」라는 뜻을 가진 부사어인데, 상대에 부탁을 할 때 お願ねがいします(부탁드립니다)라는 말을 간단히 줄여서 よろしく 또는 どうぞよろしく라고 많이 쓴다.

필수 표현

① はじめまして。
하지메마시떼.

② はじめまして、どうぞよろしくお願いします。
하지메마시떼, 도-조 요로시꾸 오네가이시마스.

③ こちらこそどうぞよろしく。
고찌라꼬소 도-조 요로시꾸.

④ わたしはホンギルドンです。
와따시와 홍길동데스.

⑤ わたしはホンギルドンと申します。
와따시와 홍길동또 모-시마스.

⑥ お会いできてとてもうれしいです。
오아이데끼떼 도떼모 우레시-데스.

⑦ お目にかかれてうれしく思います。
오메니카까레떼 우레시꾸 오모이마스.

타인·가족을 소개할 때

일본어에서는 소개할 때 보통 「ご紹介(しょうかい)します。こちらは ○○です。」라는 표현을 널리 활용한다.

● 기무라 씨, 친구를 소개하겠습니다.
木村さん、友人をご紹介します。
기무라상, 유-징오 고쇼-까이시마스.

● 저는 홍길동이라고 합니다.
わたしはホンギルドンと申します。
와따시와 홍길동또 모-시마스.

---

① 김씨를 소개해 드리겠습니다.

② 친구인 기무라 씨를 소개해 드리겠습니다.

③ 이 분이 김씨이고, 이 분이 이씨입니다.

④ 미우라씨이군요.

⑤ 소개하겠습니다. 이 놈이 아들 다로입니다.

⑥ 남편이 늘 신세를 지고 있습니다.

⑦ 만나 뵙게 되어 영광입니다.

こちらは 본래「이쪽」이라는 뜻으로 방향을 가리키는 말이지만, 사람을 정중하게 지적할 때도 쓰이기도 하고, 자신을 정중하게 말할 때도 쓰인다. 사람을 소개할 때 보통 こちらは ○○です라고 한다.
こそ는 「~이야말로」의 뜻을 가진 부조사로 앞의 말을 특히 강조하여 말할 때 쓰인다. 따라서 상대가 부탁이나 신세를 졌다고 말하면 의례적으로 こちらこそ(저야말로 / 제가 오히려)라고 정중하게 말한다.

필수 표현

① 金さんをご紹介します。
김상오 고쇼-까이시마스.

② 友人の木村さんをご紹介します。
유-진노 기무라상오 고쇼-까이시마스.

③ こちらが金さんで、こちらが李さんです。
고찌라가 김산데, 고찌라가 이산데스.

④ 三浦さんでいらっしゃいますね。
미우라산데 이랏샤이마스네.

⑤ ご紹介します。これが息子の太郎です。
고쇼-까이시마스. 고레가 무스꼬노 다로-데스.

⑥ 主人がいつもお世話になっております。
슈징가 이쯔모 오세와니낫떼오리마스.

⑦ お目にかかれて光栄です。
오메니카까레데 코-에-데스.

감사의 표현

고마움을 표현할 때 흔히 ありがとう ございます가 있으며, どうも(무척 / 매우)를 붙여서 말하기도 한다.

◐ 고마워요.
ありがとう。
아리가또-.

◑ 천만에요.
どういたしまして。
도-이따시마시떼.

---

① 고마워요.

② 대단히 고맙습니다.

③ 감사합니다. / 수고하셨습니다.

④ 친절을 베풀어 주셔서 정말 고맙습니다.

⑤ 이거, 약소한 것입니다만, 받으십시오.

⑥ 여러분께 감사드립니다.

⑦ 아니오, 천만에요.

본래 ありがとう는 형용사 ありがたい의 음편형인데 관용적인 감사 표현으로 굳어진 말이다. 정중하게 상대에게 고마움을 표시할 때는 どうも ありがとう ございます라고 하는데, 보통 친근한 사이나 아랫사람에게는 ございます를 생략하여 どうも ありがとう만으로도 사용한다. どうも라는 말은 「매우, 참으로」라는 뜻의 부사어인데 ありがとう를 생략하고 どうも만으로도 많이 쓰인다. 또 どうも ありがとう ございました를 직역하면 「무척 고마웠습니다」의 뜻이지만 우리말의 「수고하셨습니다」로 쓰이는 경우가 많다.

필수 표현

① **どうもありがとう。**
도-모 아리가또-.

② **どうもありがとうございます。**
도-모 아리가또-고자이마스.

③ **どうもありがとうございました。**
도-모 아리가또-고자이마시따.

④ **ご親切にどうもありがとうございました。**
고신세쯔니 도-모 아리가또-고자이마시따.

⑤ **これ、つまらない物ですが、どうぞ。**
고레, 쓰마라나이 모노데스가, 도-조.

⑥ **皆さまに、感謝致します。**
미나사마니, 간샤이따시마스.

⑦ **いいえ、どういたしまして。**
이-에, 도-이따시마시떼.

사과·사죄의 표현

사과할 때는 **すみません**이라고 하며, 정중하게 말할 때나 공적으로 사죄할 때는 **申もうし訳わけございません**(죄송합니다)이라고 한다.

◑ 아파!
 いたい!
 이따이!

◑ 아, 미안해요.
 あ、ごめんなさい。
 아, 고멘나사이.

---

① 미안합니다.

② 미안하게 되었습니다.

③ 정말 미안합니다.

④ 실례했습니다.

⑤ 미안해요.

⑥ 용서하십시오.

⑦ 미안하지만, 이걸 부탁합니다.

일본사람들이 남에게 폐를 끼치는 것을 무척 싫어하므로 가장 많이 쓰는 말이 「미안합니다」라고 한다. 이 사죄의 표현은 상대방과 경우에 따라 다르게 사용되는데 정중한 표현부터 말하면 申もうし訳わけございません → 申し訳ありません → すみません → ごめんなさい → 悪わるいですી다. 여기서 申し訳ございません은 가장 정중한 표현으로 공적인 사과나 손윗사람에게 사죄를 할 때 쓴다. すみません은 실수를 하였거나 또는 사람을 부를 때에 쓰이는 표현이다. 한편 ごめんなさい는 실례를 해서 상대에게 용서를 구하는 뉘앙스를 갖고 있다.

필수 표현

① **すみません。**
스미마셍.

② **すみませんでした。**
스미마센데시따.

③ **どうもすみません。**
도-모 스미마셍.

④ **失礼しました。**
시쯔레-시마시따.

⑤ **悪いですね。**
와루이데스네.

⑥ **ごめんなさい。**
고멘나사이.

⑦ **すみませんが、これをお願いします。**
스미마셍가, 고레오 오네가이시마스.

신세를 졌을 때

일본인들은 상대에게 신세를 지거나 폐를 끼치지 않을 경우에도 습관적으로 사과의 인사 표현을 스스럼없이 사용하는 경향이 있다.

◐ 수고를 끼쳐드려 죄송했습니다.
お手間をとらせてすみませんでした。
오떼마오 도라세떼 스미마센데시따.

◐ 괜찮아요.
いいんですよ。
이인데스요.

---

① 수고스럽겠지만, 부탁드립니다.

② 신세 많이 졌습니다.

③ 폐를 끼쳐서 죄송합니다.

④ 수고하셨습니다.

⑤ 수고하셨습니다.

⑥ 수고를 끼치게 되어서 죄송합니다.

⑦ 아니오, 당치도 않습니다(별 말씀을요).

우리가 흔히 쓰는 「수고하셨습니다」를 일본어로 お疲つかれさま와 ご苦勞くろうさま로 표현하는데, 일본어에서는 그 사용범위가 좁다. 예를 들어 수업이 끝난 뒤에 담당 선생님에게 お疲さま, ご苦勞さま를 쓸 수 없다. 왜냐하면 이 말은 손윗사람이 아랫사람에게 쓸 수 있는 표현이기 때문이다. 선생님에게 ありがとう ございました라고 해야 한다. お疲れさま는 회사에서 함께 책상을 마주 대하고 있는 동료간에 일이 끝나 퇴근할 때에 하는 인사 정도로 쓰인다. 또한 ご苦勞さま는 물건을 배달해준 사람 등에게 사용하는 말이다.

필수 표현

① ご面倒ですが、お願いします。
고멘도-데스가, 오네가이시마스.

② どうもお世話になりました。
도-모 오세와니나리마시따.

③ ご迷惑をかけてすみません。
고메-와꾸오 가께떼 스미마셍.

④ ご苦勞様でした。
고꾸로-사마데시따.

⑤ ありがとうございました。
아리가또-고자이마시따.

⑥ お手数をかけてすみません。
오떼스-오 가께떼 스미마셍.

⑦ いいえ、とんでもありません。
이-에, 돈데모아리마셍.

기본 회화

축하할 때

신년인사, 입학, 졸업, 결혼, 합격, 탄생, 생일 등을 축하할 때 쓰이는 말에는 おめでとうございます(축하합니다)가 있다.

◐ 생일 축하해.
お誕生日、おめでとう。
오딴죠-비, 오메데또-.

◐ 고마워.
どうもありがとう。
도-모 아리가또-.

① 축하해요.

② 축하합니다.

③ 축하를 드립니다.

④ 새해 복 많이 받으세요.

⑤ 결혼 축하합니다.

⑥ 입학, 축하해요.

⑦ 그거 다행이군요.

おめでとう ございます(축하합니다)의 めでとう 본래 형용사 めでたい(경사스럽다)의 음편형으로 지금은 축하할 때 쓰이는 관용적인 표현이다. 또, 친근한 사이이거나 아랫사람일 경우에는 ございます를 생략하여 おめでとう만으로 쓰인다.
よかったですね는 상대가 좋은 일이 있을 경우에 쓰이는 말로 우리말의 「잘 됐군요」 또는 「다행이군요」 정도에 해당한다. 정중한 표현은 よろしゅうございます이다.
お祝(いわ)い申(もう)し上(あ)げます는 구어체에서는 별로 쓰이지 않고 격식차린 장소나 편지 등에 쓰인다.

필수 표현

① おめでとう。
오메데또-.

② おめでとうございます。
오메데또-고자이마스.

③ お祝い申し上げます。
오이와이모-시아게마스.

④ 明けましておめでとうございます。
아께마시떼 오메데또-고자이마스.

⑤ ご結婚、おめでとうございます。
고겍꽁, 오메데또-고자이마스.

⑥ ご入学、おめでとう。
고뉴-가꾸, 오메데또-.

⑦ それはよかったですね。
소레와 요깟따데스네.

기본 회화

위로할 때

상대가 불행을 당했거나, 어떤 일에 실패를 했을 경우에 보통 お気の毒です(안 됐군요) 또는 残念です(유감입니다)라고 한다.

● 우리 개가 죽었어.
ぼくの犬が死んだんだ。
보꾸노 이누가 신단다.

● 그거 가엾게 됐구나.
それはお気の毒に。
소레와 오끼노도꾸니.

① 안 됐군요.

② 유감이군요.

③ 참 걱정되시겠습니다.

④ 그거 참 안됐군요.

⑤ 너무 걱정하지 마세요.

⑥ 진심으로 동정합니다.

⑦ 애도의 뜻을 표합니다.

お気の毒です는 상대방의 불운을 동정할 때 쓰이는 말로 더욱 정중하게 말할 때는 さま를 접속하여 お気の毒さまです라고 한다. 보통 お〜さま의 형태는 공손히 말하는 기분을 나타낼 때 많이 쓰인다.
또한 시합에 졌을 때나 시험에 실패했을 경우 등, 노력은 했지만 뜻대로 안 되었을 때는 보통 残念ですね 유감이군요 나 ご心配でしょう 걱정 되시겠어요, 또는 それは いけませんね 그거 안 됐군요라고 한다.
애도를 표할 때는 お悔やみ申しあげます라고 한다.

필수 표현

① お気の毒さまですね。
오끼노도꾸사마데스네.

② 残念ですね。
잔넨데스네.

③ さぞご心配でしょう。
사조 고심빠이데쇼-.

④ それはいけませんね。
소레와 이께마센네.

⑤ あまり心配しないでください。
아마리 심빠이시나이데 구다사이.

⑥ 心からご同情致します。
고꼬로까라 고도-죠-이따시마스.

⑦ お悔やみ申し上げます。
오꾸야미모-시아게마스.

방문할 때

일본인은 무척 친근한 사이가 아니면 자신의 집으로 손님을 초대하거나 남의 집을 방문하는 것을 꺼리는 것으로 알려져 있다.

● 자, 어서 들어오십시오.
 さあ、どうぞお入りください。
 사-, 도-조 오하이리쿠다사이.

● 그럼, 실례하겠습니다.
 では、失礼します。
 데와, 시쯔레-시마스.

① 실례합니다. / 계십니까?

② 어서 오십시오.

③ 잘 오셨습니다.

④ 잘 와 주셨습니다.

⑤ 자, 올라오십시오.

⑥ 실례하겠습니다.

⑦ 실례합니다.

남의 집을 방문했을 때 손님이 현관에서 초인종을 누르면 안에 있는 사람은 どなたさまですか(누구십니까)라고 묻는다. 그러면 방문자는 ○○ですと자신의 신분이나 이름을 말한다. 문이 열리면 보통 ごめんください(실례합니다)라고 말하는데, 맞이하는 사람은 いらっしゃいませ(어서 오십시오) 또는 よくいらっしゃいました(잘 오셨습니다)라고 말한다. 그러나 방문자가 친한 친구나 아랫사람이라면 남자의 경우는 やあ、よくきたね야, 잘 왔어)라고 하고, 여자인 경우는 ああ、いらっしゃい(어머, 어서 와)라고 반기며 말한다.

필수 표현

① **ごめんください。**
고멩쿠다사이.

② **いらっしゃいませ。**
이랏샤이마세.

③ **よくいらっしゃいました。**
요꾸 이랏샤이마시따.

④ **ようこそお出でくださいました。**
요-꼬소 오이데쿠다사이마시따.

⑤ **どうぞ、お上がりください。**
도-조, 오아가리쿠다사이.

⑥ **お邪魔します。**
오자마시마스.

⑦ **失礼します。**
시쯔레-시마스.

방문을 마칠 때

일본에서는 초대받아 방문할 때는 의례적으로 약간의 선물을 준비해서 가는 것도 예의이다.

◐ 이만 일어서겠습니다.
そろそろおいとまします。
소로소로 오이또마시마스.

◐ 더 계시다 가십시오.
まあ、よろしいではありませんか。
마-, 요로시-데와 아리마셍까?

---

① 이거 별것 아닙니다만, 받으십시오.

---

② 그럼, 고맙게 잘 받겠습니다.

---

③ 이만 가보겠습니다.

---

④ 오늘은 여러모로 고마웠습니다.

---

⑤ 여러 가지로 폐가 많았습니다.

---

⑥ 또 뵙겠습니다.

---

⑦ 또, 오십시오.

방문을 마치고 일어나려고 할 때는 **そろそろ 失礼します**(이만 실례하겠습니다), 또는 **そろそろ おいとまします**(이만 일어서겠습니다)라고 하며, 또한 **お邪魔しました**(실례했습니다)라고 하면 주인 쪽에서 만류를 하면서 **まあ よろしいでは ありませんか**(뭘요, 괜찮지 않습니까?)라고 하기도 하고, **どうぞ ごゆっくりなさって ください**(더 계시다 천천히 가십시오)라고도 한다. 그러면 방문자가 **また おうかがいします**(또 찾아뵙겠습니다)라고 작별 인사를 하면 주인 쪽에서는 **では どうぞ おいでください**(또 오십시오)라고 한다.

필수 표현

① これ、つまらないものですが、どうぞ。
고레, 쓰마라나이 모노데스가, 도-조.

② それじゃ、遠慮なくいただきます。
소레쟈, 엔료나꾸이따다끼마스.

③ そろそろ失礼致します。
소로소로 시쯔레-이따시마스.

④ 今日はいろいろありがとうございました。
쿄-와 이로이로 아리가또-고자이마시따.

⑤ いろいろお邪魔致しました。
이로이로 오쟈마이따시마시따.

⑥ またおうかがいします。
마따 오우까가이시마스.

⑦ どうぞ、おいでください。
도-조, 오이데쿠다사이.

병문안을 할 때

환자에게 병의 상태를 물을 때는 ご気分は いかがですか라고 하고, 병문안을 마치고 나올 때는 どうぞ お大事に라고 한다.

◑ 어때요?
どうですか。
도-데스까?

◑ 좋아졌습니다. 고맙습니다.
良くなりました。ありがとうございます。
요꾸나리마시따. 아리가또-고자이마스.

① 어떠십니까?

② 몸은 어떠십니까?

③ 그저 그렇습니다.

④ 기분이 좋아 보이는데요.

⑤ 꽤 좋아졌습니다.

⑥ 이제 완전히 나았습니다.

⑦ 몸조리 잘 하십시오.

> いかがですか는 どうですか(어떠세요)의 존경 표현으로 우리말의 「어떠십니까?」에 해당한다. 이것은 상대방의 형편을 물을 때도 쓰이고, 상대방에게 먼가를 권할 때도 쓰인다.
> * 最近(さいきん) いかがですか。
>   (요즘 어떠십니까?)
> * お茶(ちゃ)でも いかがですか。
>   (차라도 드시겠습니까?)

필수 표현

① **いかがですか。**
이까가데스까?

② **ご気分はいかがですか。**
고키붕와 이까가데스까?

③ **まあ、そんなもんです。**
마-, 손나몬데스.

④ **ご気分はよさそうですね。**
고키붕와 요사소-데스네.

⑤ **だいぶよくなりました。**
다이부 요꾸나리마시따.

⑥ **もうすっかり治りました。**
모- 슥까리 나오리마시따.

⑦ **どうぞお大事に。**
도-조 오다이지니.

식사할 때

일본인은 식사를 시작할 때 いただきます(잘 먹겠습니다)라고 말하고, 먹고 난 뒤에는 ごちそうさまでした(잘 먹었습니다)라고 한다.

● 잘 먹겠습니다. 맛있군요.
いただきます。おいしいですね。
이따다끼마스. 오이시-데스네.

● 좀더 드시겠습니까?
もう少しいかがですか。
모-스꼬시 이까가데스까?

---

① 오늘 밤, 식사라도 하실까요?

② 자, 드십시오.

③ 아무 것도 없습니다만, 드십시오.

④ 잘 먹겠습니다.

⑤ 잘 먹었습니다.

⑥ 변변치 못했습니다.

⑦ 더 드시겠습니까?

いただきます는 음식을 먹기 전에 또는 마시기 전에 하는 말로 우리말의 「잘 먹겠습니다」에 해당한다. 이것은 본래 もらう(받다)의 겸양어인 いただく의 정중형으로 주신 것을 잘 받겠다(먹겠다)라는 뜻이다. 반대로 식사를 끝냈을 때나 대접을 받았을 때는 하는 인사말이 ごちそうさまでした이다. 이것은 본래 「대접, 진수성찬」이란 뜻으로 뒤에 でした를 생략해서 쓰는 경우가 많다. ごちそうさま라고 말하면 대접한 쪽에서 おそまつさまでした(변변치 못했습니다)라고 한다.
식사 중에 좀더 드시라고 권할 때는 もう少し いかがですか좀 더 드시겠습니까?라고 하면 대접받는 쪽에서 もう たくさんです많이 먹었습니다 또는 もう けっこうです(이제 됐습니다)라고 하면 된다.

필수 표현

① **今晩、食事でもいかがですか。**
곰방, 쇼꾸지데모 이까가데스까?

② **どうぞ、召し上がってください。**
도-조, 메시아갓떼 구다사이.

③ **何もありませんが、どうぞ。**
나니모 아리마셍가, 도-조.

④ **いただきます。**
이따다끼마스.

⑤ **ごちそうさまでした。**
고찌소-사마데시따.

⑥ **おそまつさまでした。**
오소마쯔사마데시따.

⑦ **おかわりいかがですか。**
오까와리 이까가데스까?

응답 표현

일본어의 가장 기본적인 응답 표현은 はい, いいえ가 있다. 이보다 좀더 가벼운 응답으로는 ええ, いや라고 한다.

◑ 알겠어요?
わかりますか。
와까리마스까?

◑ 아뇨, 모르겠습니다.
いいえ、わかりません。
이-에, 와까리마셍.

① 예. / 아니오.

② 네, 그렇습니다.

③ 아니오, 다릅니다.

④ 아니오, 그렇지 않습니다.

⑤ 과연.

⑥ 맞습니다.

⑦ 글쎄요, 잘 모르겠는데요.

違ちがうは「A는 B와 다르다」, 또는「A는 B가 아니다」라는 뜻으로 쓰이지만, 경우에 따라서는「옳다, 맞다」의 대립어로 쓰이기도 한다. 이 때는「그렇지 않다」로 해석한다.
다른 사람의 말을 긍정할 때는 そうです, 부정할 때는 ちがいます라고 한다. 흔히 そうでは ありません이라고 하기 쉬우나, そうでは ありません은 좀 더 구체적으로 지적해서 부정할 때 쓰며, 단순히 사실과 다르다고 할 때는 ちがいます라고 한다.

필수 표현

① **はい。 / いいえ。**
하이. / 이-에.

② **はい、そうです。**
하이, 소-데스.

③ **いいえ、ちがいます。**
이-에, 치가이마스.

④ **いいえ、そうじゃありません。**
이-에, 소-쟈아리마셍.

⑤ **なるほど。**
나루호도.

⑥ **そのとおりです。**
소노토-리데스.

⑦ **さあ、よくわかりませんね。**
사아, 요꾸 와까리마셍네.

기본 회화

일본의 국경일

▶ **설날**(1월 1일) 새해의 첫날. 새해의 행복을 기원하고 1년의 계획을 세우는 날로 신사나 사원에 첫 참배를 한다.

▶ **성인의 날**(1월 15일) 만 20세에 달하여 어른이 되는 청년 남녀를 축하하는 날로 시읍면이 주최해서 성인식이 행해진다.

▶ **건국기념일**(2월 11일) 일본 최고의 역사서인 「일본서기」에 전해지는 건국의 기술에 의해 이 날에 건국을 그리워하고 애국심을 기른다고 하는 취지로 1966년에 추가되었다. 일본 국내에는 지금까지도 건국 기념일에 반대하는 사람들이 있다.

▶ **춘분의 날**(3월 21일경) 봄의 피안의 중심의 날로 성묘를 가서 선조의 영에게 공양하는 날로 예부터 불교의 축제일이었다.

▶ **녹색의 날**(4월 29일) 1901년 4월 29일은 쇼와 천황이 탄생한 날로서 그 탄생을 축하하는 날이다.

▶ **어린이날**(5월 3일) 원래는 남자 아이들의 축제일인 단오절인데, 어린이의 인격을 존중하고 어린이의 행복을 기원하는 날로 한국도 5월 5일은 어린이 날이다.

▶ **경로의 날**(9월 15일) 다년간에 걸쳐 사회를 위해 봉사해온 노인을 경애하고 장수를 축하한다. 각 시읍면에서 고령자를 불러 연예회 등을 열기도 하고 기념품을 증정하기도 한다.

▶ **추분의 날**(9월 23일경) 가을의 피안의 중심의 날. 봄의 피안과 같이 산소에 참배하고 조상의 영에게 공양하는 날이다.

▶ **체육의 날**(10월 10일) 1964년의 도쿄 올림픽 대회 개회식 날을 기념해서 체육에 친숙해지고 건강의 소중함을 자각하는 날이다.

▶ **근로감사의 날**(11월 3일) 수확의 계절에 해당되기도 하여 그것에 감사하고 널리 노동의 기쁨을 되새기고 감사하는 날이다.

▶ **천황탄생일**(12월 23일) 지금의 천황이 태어난 날로써 그 탄생을 일본 국민으로서 축하하는 날이다.

전후, 일본의 축일에 관한 법률에 의해 1948년에는 1년 중 9일, 1966년에는 합계 12일의 축일이 제정되어 이날은 관청, 기업, 학교는 모두 휴일이 된다.

도착까지

기내에서의 서비스
기내에서의 물품 구입
입국심사
짐이 없어졌을 때
세관에서
환전을 할 때
호텔을 찾을 때
공항에서 호텔까지

기내에서의 서비스

비행기가 이륙하면 기수를 올려 일정 고도에 도달할 때까지 상승한다. 수평비행으로 이동한 후에 음료나 각기 식사 서비스가 행해진다.

◐ 마실 것을 드릴까요?
飲み物はいかがですか。
노미모노와 이까가데스까?

◐ 네, 커피를 부탁해요.
はい、コーヒーをお願いします。
하이, 코-히-오 오네가이시마스.

---

① (스튜어디스를 부를 때) 여보세요!

② (스튜어디스) 무얼 드시겠습니까?

③ 맥주는 있습니까?

④ 어떤 브랜드가 있습니까?

⑤ 오렌지주스를 하나 더 주세요.

⑥ (스튜어디스) 치킨으로 하시겠어요, 비프로 하시겠어요?

⑦ 비프로 주세요.

필수 단어

우유	ミルク	미루꾸
식사	食事	쇼꾸지
담배	たばこ	다바꼬
재떨이	灰皿	하이자라
모포	毛布	모-후
배게	まくら	마꾸라
이어폰	イヤホーン	이야호-ㄴ
스튜어디스	スチュワーデス	스쮸와-데스

필수 표현

① すみません！
스미마셍!

② 何をお飲みになりますか。
나니오 오노미니 나리마스까?

③ ビールはありますか。
비-루와 아리마스까?

④ どんな銘柄がありますか。
돈나 메이가라가 아리마스까?

⑤ オレンジジュースのおかわりをください。
오렌지쥬-스노 오까와리오 구다사이

⑥ チキンにしますか、ビーフにしますか。
치낀니 시마스까, 비-후니 시마스까?

⑦ ビーフにしてください。
비-후니 시떼 구다사이.

도착까지

기내에서의 물품 구입

기내에서는 여러 가지 서비스가 행해질 뿐만 아니라, 간단한 선물을 할 수 있는 면세품을 구입할 수가 있다.

◐ 한국 담배는 있습니까?
 韓国のたばこはありますか。
 캉꼬꾸노 다바꼬와 아리마스까?

◐ 네, 있습니다. 뭐가 좋을까요?
 はい、ございます。銘柄は何がよろしいですか。
 하이, 고자이마스. 메-가라와 나니가 요로시-데스까?

① 저 빈자리로 옮겨도 될까요?

② 식사 전에 깨워 주세요.

③ 한국어 잡지는 있습니까?

④ 비행기 멀미약은 있습니까?

⑤ 어떤 담배가 있습니까?

⑥ (면세품 사진을 가리키며) 이건 있습니까?

⑦ (무엇을 사는 경우) 한국 원을 받습니까?

필수 단어

통로 좌석	**通路側席**	쓰-로가와세끼
창가 좌석	**窓際席**	마도기와세끼
비어있음	**空き**	아끼
사용중	**使用中**	시요-쮸-
구명동의	**救命胴衣**	규-메-도-이
안전벨트	**シートベルト**	시-또베루또
금연석	**禁煙席**	깅엔세끼
흡연석	**喫煙席**	기쯔엔세끼

필수 표현

① あの空いている席に移ってもいいですか。
아노 아이떼이루 세끼니 우쯧떼모 이-데스까?

② 食事の前に起こしてください。
쇼꾸지노 마에니 오꼬시떼 구다사이

③ 韓国語の雑誌はありますか。
캉꼬꾸고노 잣시와 아리마스까?

④ 飛行機酔いの薬はありますか。
히꼬-끼요이노 구스리와 아리마스까?

⑤ どんなタバコがありますか。
돈나 다바꼬가 아리마스까?

⑥ これはありますか。
고레와 아리마스까?

⑦ 韓国ウォンはでいいですか。
캉꼬꾸 원데 이-데스까?

도착까지

입국심사

입국심사를 받을 때는 보통 여행의 목적, 기간, 머무는 장소 등, 정해진 질문을 하므로 걱정할 필요는 없다.

◐ 여권을 보여 주십시오.
パスポートを見せてください。
파스뽀-또오 미세떼 구다사이.

◐ 네, 여기 있습니다.
はい、ここにあります。
하이, 고꼬니 아리마스.

① (심사관) 여행 목적은 무엇입니까?

② 관광(일, 유학)입니다.

③ (심사관) 어느 정도 체재합니까?

④ 10일간 (1주일)입니다.

⑤ (심사관) 어디에 체재합니까?

⑥ 쉐라톤 호텔(친구 집)에 머뭅니다.

⑦ (심사관) 돌아가는 항공권을 보여 주세요.

필수 단어

입국심사	**入国審査**	뉴-꼬꾸신사
직업	**職業**	쇼꾸교-
국적	**国籍**	고꾸세끼
독신	**独身**	도꾸싱
결혼	**結婚**	겍꽁
성	**姓**	세-
이름	**名**	나
예방접종 증명서	**予防接種証明書**	요보-셋슈쇼-메-쇼

필수 표현

① 旅行の目的は何ですか。
료꼬-노 목떼끼와 난데스까?

② 観光(仕事、留学)です。
강꼬-(시고또, 류-가꾸)데스.

③ どのくらい滞在しますか。
도노쿠라이 타이자이시마스까?

④ 十日間(一週間)です。
도-까깐(잇슈-깐)데스.

⑤ どこに滞在しますか。
도꼬니 타이자이시마스까?

⑥ シェラトンホテル(友達の家)に滞在します。
쉐라똥 호떼루(도모다찌노 이에)니 타이자이시마스.

⑦ 帰りの航空券を見せてください。
가에리노 코-꾸-껭오 미세떼 구다사이.

도착까지

짐이 없어졌을 때

회전대에서 자신의 짐이 보이질 않을 때는 우선 당황하지 말고 담당자에게 짐보관증을 보여 주면 대부분 찾을 수가 있다.

● 여행 가방이 보이지 않는데요.
スーツケースが見つからないんですが。
스-쯔케-스가 미쓰까라나인데스가.

● 짐 보관증을 보여 주세요.
荷物預り証を見せてください。
니모쯔아즈까리쇼-오 미세떼 구다사이.

---

① 짐이 보이지 않습니다.

---

② 짐이 없어져 버렸습니다.

---

③ ABC항공의 카운터는 어디입니까?

---

④ 편명을 가르쳐 주세요.

---

⑤ ABC항공의 942편입니다.

---

⑥ 쉐라톤 호텔에 머물 예정입니다.

---

⑦ 저는 거기에 8월 7일까지 머뭅니다.

필수 단어

유실물 취급소	**遺失物取扱所**	이시쯔부쯔도리아tm까이쇼
표찰	**名札**	나후다
예정	**予定**	요떼-
연락하다	**連絡する**	렌라꾸스루
조사하다	**調べる**	시라베루
공중전화	**公衆電話**	코-슈-뎅와
회전대	**回転台**	카이뗀다이
수화물	**手荷物**	데니모쯔

필수 표현

① 荷物が見つからないんです。
니모쯔가 미쯔까라나인데스.

② 荷物がなくなってしまったんです。
니모쯔가 나꾸낫떼 시맛딴데스.

③ ABC航空のカウンターはどこですか。
ABC코-꾸-노 카운따-와 도꼬데스까?

④ 便名を教えてください。
빔메-오 오시에떼 구다사이.

⑤ ABC航空の942便です。
ABC코-꾸-노 큐-욘니빈데스.

⑥ シェラトンホテルに滞在するつもりです。
쉐라똔 호떼루니 타이자이스루 쓰모리데스.

⑦ 私はそこに八月七日まで滞在しています。
와따시와 소꼬니 하찌가쯔 나노까마데 타이자시떼 이마스.

세관에서

세관에서는 주로 마약, 총포류 등 그 나라에 가지고 들어와서는 안 되는 물건이 있는지 없는지 조사한다.

◑ 이건 뭡니까?
これは何ですか。
고레와 난데스까?

◑ 친구에게 줄 선물입니다.
友人へのお土産です。
유-징에노 오미야게데스.

---

① (세관원) 무슨 신고할 것을 가지고 있습니까?

② 아니오, 없습니다.

③ 네, 이것입니다.

④ (세관원) 이 가방에 무엇이 들어 있습니까?

⑤ 일용품입니다.

⑥ 어디에서 세금을 지불하면 됩니까?

⑦ 세금은 얼마입니까?

필수 단어

세관신고서	**税関申告書**	제이깡싱꼬꾸쇼
관세	**関税**	칸제이
무세	**無税**	무제이
면세품	**免税品**	멘제이힝
선물	**お土産**	오미야게
일용품	**身の回り品**	미노마와리힝
창구	**窓口**	마도구찌
여행용 가방	**スーツケース**	스-쓰케-쓰

필수 표현

① **何か申告するものを持っていますか。**
나니까 싱꼬꾸스루 모노오 못떼이마스까?

② **いいえ、ありません。**
이-에, 아리마셍.

③ **はい、これです。**
하이, 고레데스.

④ **このバッグには何が入っていますか。**
고노 박구니와 나니가 하잇떼이마스까?

⑤ **日用品です。**
니찌요-힌데스

⑥ **どこで税金を払えばいいのですか。**
도꼬데 제이낑오 하라에바 이-노데스까?

⑦ **税金はいくらですか。**
제-낑와 이꾸라데스까?

도착까지

환전을 할 때

환전은 출발하기 전에 대부분 출국 공항에서 한다. 하지만 도착 후 가장 필요한 것이 잔돈이다. 필요한 만큼 도착 공항에서 환전을 해 두는 것도 좋다.

● 잔돈도 섞어 주세요.
小銭もまぜてください。
고제니모 마제떼 구다사이.

● 네, 알겠습니다.
はい、わかりました。
하이, 와까리마시따.

① 환전소는 어디입니까?

② 환전을 부탁합니다.

③ 교환율은 어느 정도입니까?

④ 이걸 엔으로 바꿔 주세요.

⑤ 잔돈도 섞어 주세요.

⑥ 이걸 천 엔 지폐 10장으로 바꿔 주세요.

⑦ 지금 환전할 수 있는 곳을 알고 있습니까?

필수 단어

1만 엔	一万円	이찌망엥
5천 엔	五千円	고생엥
천 엔	千円	생엥
은행	銀行	깅꼬-
영업시간	営業時間	에이교-지깡
환전	両替	료-가에
수수료	手数料	데스료-
잔돈	小銭	고제니

필수 표현

① 両替所はどこですか。
   료-가에쇼와 도꼬데스까?

② 両替をお願いします。
   료-가에오 오네가이시마스.

③ 交換率はどのくらいですか。
   코-깐리쓰와 도노 쿠라이데스까?

④ これを円にしてください。
   고레오 엔니 시떼 구다사이.

⑤ 小銭もまぜてください。
   고제미모 마제떼 구다사이

⑥ これを千円紙幣五枚にしてください。
   고레오 셍엔 시헤이 고마이니 시떼 구다사이.

⑦ 今、両替できるところを知っていますか。
   이마, 료-가에데끼루 도꼬로오 싯떼이마스까?

도착까지

호텔을 찾을 때

출발 전에 호텔을 예약을 하지 않았다면, 도착하여 공항 내에 있는 관광안내소에서 자신이 원하는 숙박처를 소개받도록 한다.

◑ 어서 오십시오.
 いらっしゃいませ。
 이랏샤이마세.

◑ 어디 좋은 호텔을 소개해 주세요.
 どこかよいホテルを紹介してください。
 도꼬까 요이 호떼루오 쇼-까이시떼 구다사이.

① 관광안내소는 어디입니까?

② 역 근처의 호텔을 부탁하고 싶은데요.

③ 방값은 얼마입니까?

④ 아침 식사비는 포함되어 있습니까?

⑤ 그 호텔은 어떻게 갑니까?

⑥ 오늘 싱글룸은 있습니까?

⑦ 어디서 호텔 버스를 기다리면 됩니까?

필수 단어

관광안내소	**観光案内所**	캉꼬-안나이쇼
안전한 장소	**安全な場所**	안젠나 바쇼
비싸다	**高い**	다까이
싸다	**安い**	야스이
청결한	**清潔な**	세-께쯔나
장소	**場所**	바쇼
포함하고 있다	**含んでいる**	후꾼데이루
시내지도	**市内地図**	시나이치즈

필수 표현

① 観光案内所はどこですか。
캉꼬-안나이쇼와 도꼬데스까?

② 駅の近くのホテルをお願いしたいのですが。
에끼노 치까꾸노 호떼루오 오네가이시따이노데스가.

③ 部屋代はいくらですか。
헤야다이와 이꾸라데스까?

④ 朝食代は含まれていますか。
쵸-쇼꾸다이와 후꾸마레떼 이마스까?

⑤ そのホテルへは、どうやって行くのですか。
소노 호떼루에와 도-얏떼 이꾸노데스까?

⑥ 今日、シングルルームはありますか。
쿄-, 싱구루루-무와 아리마스까?

⑦ どこでホテルの送迎バスを待てばいいのですか。
도꼬데 호떼루노 소-게이바스오 마떼바 이-노데스까?

공항에서 호텔까지

자신이 예약해 둔 호텔이나 방문지까지는 공항 리무진버스나 열차, 택시 등을 이용한다. 도쿄의 경우는 고속 열차로 시내 중심까지 이용할 수가 있다.

● 프린스 호텔까지 어느 정도 걸립니까?
プリンスホテルまでどのくらいかかりますか。
푸린스 호떼루마데 도노쿠라이 가까리마스까?

● 약 1시간 정도 걸립니다.
約一時間ぐらいかかります。
야꾸 이찌지깡구라이 가까리마스.

---

① 택시 승강장은 어디에 있습니까?

② 쉐라톤 호텔까지 부탁합니다.

③ 버스 타는 곳은 어디에 있습니까?

④ (버스를 가리키며) 힐튼 호텔로 가는 공항버스입니까?

⑤ 힐튼 호텔은 몇 번째입니까?

⑥ 중심가까지 얼마입니까?

⑦ 여기서 내리겠습니다.

필수 단어

화장실	**トイレ**	토이레
택시 승강장	**タクシー乗り場**	타꾸시-노리바
버스 타는 곳	**バス乗り場**	바스노리바
리무진	**リムジン**	리무징
공항버스	**空港バス**	쿠-꼬-바스
시내버스	**市内バス**	시나이바스
중심가	**中心街**	츄-싱가이
내리다	**降りる**	오리루

필수 표현

① **タクシー乗り場はどこですか。**
다꾸시-노리바와 도꼬데스까?

② **シェラトンホテルまでお願いします。**
쉐라똥 호떼루마데 오네가이시마스.

③ **バス乗り場はどこですか。**
바스노리바와 도꼬데스까?

④ **ヒルトンホテルに行く空港バスですか。**
히루똥 호떼루니 이꾸 쿠-꼬-바스데스까?

⑤ **ヒルトンホテルはいくつ目ですか。**
히루똥 호떼루와 이꾸쯔메데스까?

⑥ **中心街までいくらですか。**
츄-싱가이마데 이꾸라데스까?

⑦ **ここで降ります。**
고꼬데 오리마스.

도착까지

63

일본의 축제 (1)

▶ 설 날 : 1월 1일은 새해의 첫날로서 설날 혹은 원단이라고 하여 1년 중 가장 중요한 날이다. 더구나 1일・2일・3일을 특히 「상가니치」라고 하여 대부분의 가정에서는 일을 쉬고 신년의 출발을 축하한다. 이 기간은 도시에 일하러 나가 있던 젊은이들도 고향으로 돌아가 신년을 축하하고, 상가니치의 아침은 가족들이 모여 도소술을 마시고 떡국을 먹는 습관이 있다. 옛날에는 각자의 집 문에 인줄을 치고 소나무 장식을 설치하고 소나무와 대나무로 만든 카도마츠를 장식했다. 소나무 장식 기간을 마츠노우치라고 하는데 최근에는 카도마츠를 세우는 집도 현저히 줄어들고 있다.

▶ 하츠모우데 : 설날 아침에 새해에 1년 동안의 건강과 행복을 기원하고, 유명한 신사와 사원에 참배하는 사람들이 많다. 이 하츠모우데를 하기 위하여 전날 밤부터 집을 출발해서 1월 1일 0시를 기해서 참배하는 사람들로 신사나 사원은 붐비고 아름다운 나들이 옷 차림의 여성도 섞여서 정말로 설날다운 광경이다. 전차나 버스도 철야 운행하여 서비스할 정도이다. 최근의 하츠모우데는 종교적인 동기에서라기보다는 가족이나 친구들이 서로 만나 피크닉을 가는 감각에 가깝다. 신사나 사원은 1일에서 3일까지 종일 화려한 분위기를 자아낸다.

▶ 세츠봉 : 입춘 전날을 말하며 해에 따라 날짜는 다르지만, 대개 2월 3일 전후이다. 세츠봉 날 밤에는 각 가정에서 「귀신은 밖으로 복은 안으로」라고 외치는 소리와 집 안팎으로 콩을 뿌리는 소리가 들려온다. 이 행사는 계절이 바뀔 즈음 「귀신(사악한 것이나 불행)은 집 밖으로 나가고, 복(행운이나 행복)은 집안으로 들어오라」고 하는 바람이 깃들어 있다. 콩을 뿌린 다음 남은 콩을 가족 전원이 각기 자신의 나이만큼 먹기도 한다.

▶ 히나마츠리 : 히나마츠리는 3월 3일에 행해지는 여자 아이의 명절로 「복숭아 명절」이라고 한다. 여자 아이의 장래의 행복을 기원하는 축제이다.

▶ 단오절 : 단오질은 남자 아이의 축일이다. 남자 아이가 건강하게 자라기를 기원하는 축제이다. 남자 아이가 있는 가정에서는 갑옷에 투구를 쓴 5월 인형을 장식하고 집 밖에 잉어 모양을 걸어 세우고 창포나 찰떡으로 그 아이의 입신출세를 기원한다.

▶ 칠 석 : 7월 7일 밤에 은하수를 끼고 빛나는 두 개의 별인 견우성과 직녀성이 1년에 한 번 이 날에 만난다고 하는 중국에서 전해온 전설을 기초로 일본에서는 탄자쿠에 원하는 것을 써서 오리가미나 색종이 등과 함께 대나무 가지에 장식해서 붙이는 풍습이 남아 있다.

호텔에서

호텔에서의 체크인
체크인 트러블
호텔에서의 룸서비스
호텔에서의 국제전화
거리에서의 국제전화
호텔에서의 체크아웃
호텔에서의 트러블
엽서를 보낼 때

호텔에서의 체크인

호텔에 도착하면 먼저 접수처에서 예약이 되어 있는지를 확인하고, 숙박부에 이름과 주소 등을 기입한다.

◐ 안녕하세요. 어서 오십시오.
こんばんは。いらっしゃいませ。
곰방와. 이랏샤이마세.

◐ 서울에서 예약한 홍길동입니다만.
ソウルで予約したホンギルドンですが。
소우루데 요야꾸시따 홍길동데스가.

---

① 체크인하고 싶은데요.

---

② 예약했습니다.

---

③ (프런트) 성함을 말씀해 주십시오.

---

④ 홍길동입니다.

---

⑤ (프런트) 이 카드에 기입해 주십시오.

---

⑥ (프런트) 지불은 어떻게 하시겠습니까?

---

⑦ 신용카드로 지불하겠습니다.

필수 단어

예약	**予約**	요야꾸
예약확인증	**予約確認証**	요야꾸카꾸닌쇼-
사인	**サイン**	사잉
보증금	**保証金**	보쇼-낑
숙박카드	**宿泊カード**	슈꾸하꾸카-도
기입하다	**記入する**	키뉴-스루
귀중품 보관소	**貴重品預かり**	키쬬-힝아즈까리
신용카드	**クレジットカード**	쿠레짓또카-도

필수 표현

① **チェックインしたいのですが。**
첵꾸인시따이노데스가.

② **予約してあります。**
요야꾸시떼 아리마스.

③ **お名前をどうぞ。**
오나마에오 도-조.

④ **ホンギルドンです。**
홍길동데스.

⑤ **このカードにご記入ください。**
고노 카-도니 고키뉴-구다사이.

⑥ **お支払いはどのようになさいますか。**
오시하라이와 도노요-니 나사이마스까?

⑦ **クレジットカードで支払います。**
쿠레짓또 카도데 시하라이마스.

체크인 트러블

특히 관광시즌 중에는 미리 호텔에 전화를 해두지 않으면, 호텔 측에서 예약을 취소해버리는 경우가 있으므로 주의해야 한다.

◑ 죄송합니다만, 예약되어 있지 않는데요.
申し訳ありませんが、予約されていませんが。
모-시와께아리마셍, 요야꾸시레떼 이마셍가.

◑ 그럴 리가 없어요, 분명히 예약했는데요.
そんなはずがありませんよ。確かに予約したんですが。
손나 하즈가 아리마셍요. 타시까니 요야꾸시딴데스가.

① (도착이 늦을 때) 8시에 도착합니다.

② 예약은 취소하지 마세요.

③ (예약되어 있지 않을 때) 다시 한번 제 예약을 살펴 주세요.

④ 방을 취소하지 않았습니다.

⑤ 방값을 이미 지불했습니다.

⑥ 이것이 예약확인증입니다.

⑦ 다른 호텔을 찾으세요.

필수 단어

늦다	**遅れる**	오꾸레루
취소하다	**キャンセルする**	캰세루스루
예약하다	**予約する**	요야꾸스루
조사하다	**調べる**	시라베루
철자	**つづり**	쓰즈리
도착	**到着**	도-짜꾸
관광	**観光**	캉꼬-
예산	**予算**	요상

필수 표현

① 8時に到着します。
하찌지니 도-짜꾸시마스.

② 予約は取り消さないでください。
요야꾸와 도리께사나이데 구다사이.

③ もう一度私の予約を調べてください。
모-이찌도 와따시노 요야꾸오 시라베떼 구다사이.

④ 部屋をキャンセルしていません。
헤야오 캰세루시떼이마셍.

⑤ 部屋の支払いはすんでいます。
헤야노 시하라이와 슨데이마스.

⑥ これが予約確認証です。
고레가 요야꾸카꾸닌쇼-데스.

⑦ ほかのホテルを探してください。
호까노 호떼루오 사가시떼 구다사이.

호텔에서

호텔에서의 룸서비스

좀 피곤하거나 식당까지 가는 것이 귀찮거나, 또는 늦잠을 자서 방에서 아침 식사를 하고 싶을 때는 룸서비스를 부탁하면 편리하다.

● 룸서비스입니다. 무슨 일이십니까?
ルームサービスです。何かご用でしょうか。
루-무사-비스데스. 나니까 고요-데쇼-까?

● 네, 내일 아침식사를 부탁하고 싶은데요.
はい、あしたの朝食をお願いしたいんですが。
하이, 아시따노 쵸-쇼꾸오 오네가이시따인데스가.

① 룸서비스를 부탁합니다.

② 내일 8시에 아침을 먹고 싶은데요.

③ 계란 프라이와 커피를 부탁합니다.

④ 여기는 1214호실입니다.

⑤ 어느 정도 시간이 걸립니까?

⑥ 뜨거운 물을 가져 오세요.

⑦ 세탁 서비스는 있습니까?

필수 단어

계산서	**勘定書き**	칸죠-가끼
얼음	**氷**	고-리
병따개	**栓抜き**	셍누끼
깡통따개	**缶切り**	캉끼리
마실 것	**飲み物**	노미모노
요리	**料理**	료-리
가벼운 식사	**軽食**	케-쇼꾸
세탁물 봉지	**洗濯物袋**	센따꾸모노부꾸로

필수 표현

① ルームサービスをお願いします。
루-무사-비스오 오네가이시마스.

② 明日の朝8時に朝食を食べたいのですが。
아시따노 아사 하찌지니 쵸-쇼꾸오 다베따이노데스가.

③ 目玉焼きとコーヒーをお願いします。
메다마야끼또 코-히-오 오네가이시마스.

④ こちらは1214号室です。
고찌라와 센니햐꾸쥬-용고-시쯔데스

⑤ どのくらい時間がかかりますか。
도노쿠라이 지깡가 가까리마스까?

⑥ 熱いお湯を持ってきてください。
아쯔이 오유오 못떼기떼 구다사이.

⑦ 洗濯のサービスはありますか。
센따꾸노 사-비스와 아리마스까?

호텔에서

호텔에서의 국제전화

국제 다이얼 통화를 할 수 있는 호텔이라면 그대로 다이얼만 돌리면 된다. 그렇지 않는 호텔에서는 교환을 불러서 부탁하면 된다.

● 홍길동 씨를 불러 주세요.
ホンギルドンさんを呼んでください。
홍길동상오 욘데 구다사이.

● 네, 전화를 끊고 기다려 주십시오.
はい、電話を切ってお待ちください。
하이, 덴와오 깃떼 오마찌쿠다사이.

---

① 한국에 전화를 걸고 싶은데요.

---

② (교환수) 번호를 말씀하세요.

---

③ 지명통화로 부탁해요.

---

④ (교환수) 어느 분을 불러 드릴까요?

---

⑤ 홍길동씨를 부탁합니다.

---

⑥ (교환수) 당신의 성함과 방 번호를 말씀해 주세요.

---

⑦ (교환수) 그대로 기다리십시오.

필수 단어

교환수	**オペレーター**	오뻬레-따-
번호통화	**番号通話**	방고-쓰-와
지명통화	**指名通話**	시메이쓰-와
수신자부담 지명통화	**コレクトコール**	코레꾸또코-루
전화번호	**電話番号**	뎅와방고-
국제전화	**国際電話**	고꾸사이뎅와
방 번호	**部屋の番号**	헤야노 방고-
통화중	**お話し中**	오하나시쮸-

필수 표현

① 韓国に電話をかけたいのですが。
캉꼬꾸니 뎅와오 가께따이노데스가.

② 番号をどうぞ。
방고-오 도-조.

③ 指名通話でお願いします。
시메-쓰-와데 오네가이시마스

④ どなたをお呼びしますか。
도나따오 오요비시마스까?

⑤ ホンギルトンさんをお願いします。
홍길동상오 오네가이시마스.

⑥ あなたのお名前とお部屋の番号をどうぞ。
아나따노 오나마에또 오헤야노 방고-오 도-조.

⑦ そのままでお待ちください。
소노마마데 오마찌구다사이.

호텔에서

거리에서의 국제전화

거리에서 한국으로 전화를 할 경우 공중전화에서 국제통화가 가능한 것을 찾든가, 아니면 우체국이나 전화국에서 할 수 있다.

● 이 전화는 국제전화를 할 수 있습니까?
   この公衆電話は国際電話ができますか。
   고노 코-슈-뎅와와 코꾸사이뎅와가 데끼마스까?

● 아니오, 그건 국내밖에 할 수 없습니다.
   いいえ、それは国内しかできません。
   이-에, 소레와 고꾸나이시까 데끼마셍.

---

① (공중전화에서) 이 전화로 한국에 걸 수 있습니까?

② 먼저 돈을 얼마나 넣으면 됩니까?

③ (전화국·우체국에서) 한국에 전화하고 싶은데요.

④ 컬렉트콜로 부탁합니다.

⑤ 한국까지 시간이 어느 정도 걸립니까?

⑥ (직원) 3번 박스에서 말씀하십시오.

⑦ 전화요금은 얼마입니까?

필수 단어

공중전화	**公衆電話**	코-슈뎅와
잔돈	**小銭**	고제니
전화카드	**電話カード**	뎅와카-도
교환수	**交換手**	고-깐슈
다이얼	**ダイヤル**	다이야루
동전을 넣다	**コインを入れる**	코잉오 이레루
시외국번	**市外局番**	시가이쿄꾸방
통화	**通話**	쓰-와

필수 표현

① この電話で韓国にかけられますか。
고노 뎅와데 캉꼬꾸니 가께라레마스까?

② まず、いくらお金を入れればよいのですか。
마즈, 이꾸라 오까네오 이레레바 요이노데스까?

③ 韓国に電話したいのですが。
캉꼬꾸니 뎅와시따이노데스가.

④ コレクトコールでお願いします。
코레꾸또코-루데 오네가이시마스.

⑤ どのくらいの時間で韓国にかかりますか。
도노쿠라이노 지깐데 캉꼬꾸니 가까리마스까?

⑥ 3番のボックスでお話しください。
삼반노 복꾸스데 오하나시쿠다사이.

⑦ 電話料金はいくらですか。
뎅와료-낑와 이꾸라데스까?

호텔에서

호텔에서의 체크아웃

체크아웃을 원활히 하기 위해서는 미리 전화로 프런트에 방 번호와 이름을 말하며 체크아웃을 하겠다고 밝혀두는 게 좋다.

● 체크아웃을 하고 싶은데요, 235호실입니다.
チェックアウトしたいんですが、235号室です。
첵꾸아우또시따인데스가, 니햐꾸산쥬-고 고-시쯔데스

● 홍길동님이시군요, 열쇠를 주시겠습니까?
ホンギルドンさまですね。鍵をいただけますか。
홍길동사마데스네, 카기오 이따다께마스까?

---

① (전화로) 체크아웃을 하고 싶은데요.

---

② 1214호실 홍길동입니다.

---

③ 포터를 부탁합니다.

---

④ 이 신용카드로 지불하고 싶은데요.

---

⑤ (청구서를 보고) 이건 잘못된 것 아닙니까?

---

⑥ 장거리전화는 하지 않았습니다.

---

⑦ 영수증을 주시겠어요?

필수 단어

짐	荷物	니모쯔
포터	**ポーター**	포-따-
청구서	**請求書**	세-뀨쇼
지불하다	**支払う**	시하라우
현금	**現金**	겡낑
여행자수표	**旅行者小切手**	료꼬-샤쇼굿떼
신용카드	**クレジットカード**	쿠레짓또카-도
영수증	**領収書**	료-슈쇼

필수 표현

① **チェックアウトをしたいのですが。**
cpr꾸아우또오 시따이노데스가.

② **1214号室のホンギルドンです。**
센니햐꾸쥬-용고-시쯔노 홍길동입니다.

③ **ポーターをお願いします。**
포-따-오 오네가이시마스.

④ **このクレジットカードで支払いたいのですが。**
고노 쿠레짓또카-도데 시하라이따이노데스가.

⑤ **ここは間違いではないですか。**
고꼬와 마찌가이데와 나이데스까?

⑥ **長距離電話はかけていません。**
쵸-꾜리뎅와와 가께떼이마셍.

⑦ **領収書をもらえますか。**
료-슈-쇼오 모라에마스까?

호텔에서

호텔에서의 트러블

관광을 나가거나 식사를 하러 나가는 경우, 귀중품은 반드시 지니고 다니거나, 프런트에 있는 귀중품보관소에 맡겨두어야 한다.

● 무슨 일이십니까?
ご用ですか。
고요 - 데스까?

● 네, 열쇠를 잃어버려서 방에 들어갈 수가 없습니다.
はい、鍵をなくしてしまって部屋に入れないんですが。
하이, 카기오 나꾸시떼 시맛떼 헤야니 하이레나인데스가.

① 마스터키를 부탁합니다.

② 열쇠가 잠겨 방에 들어갈 수 없습니다.

③ 뜨거운 물이 나오지 않습니다.

④ 화장실이 막혔습니다.

⑤ 옆방이 매우 시끄럽습니다.

⑥ (그래서) 저는 잠을 잘 수 없습니다.

⑦ 방이 아직 청소되어 있지 않습니다.

필수 단어

에어컨	**エアコン**	에어컨
물이 샘	**水もれ**	미즈모레
방의 온도	**部屋の温度**	헤야노 온도
비누	**せっけん**	섹껭
타월	**タオル**	타오루
수도꼭지	**蛇口**	쟈구찌
바퀴벌레	**ごきぶり**	고끼부리
열쇠	**鍵**	카기

필수 표현

① **マスターキーをお願いします。**
마스따키-오 오네가이시마스.

② **鍵がかかって部屋に入れないんです。**
카기가 가깟떼 헤야니 하이레나인데스.

③ **熱いお湯が出ないんです。**
아쯔이 오유가 데나인데스.

④ **トイレが流れません。**
토이레가 나가레마셍.

⑤ **となりの部屋がとてもうるさいんです。**
도나리노 헤야가 도떼모 우루사인데스.

⑥ **私は眠れないんです。**
와따시와 네무레나인데스.

⑦ **部屋がまだ掃除されていません。**
헤야가 마다 소-지사레떼이마셍.

호텔에서

엽서를 보낼 때

일부러 우체국에 가지 않아도 큰 호텔이라면 우표 자동판매기가 설치되어 있다. 안내원에게 우표 자동판매기가 있는 곳을 물어볼 것.

● 우표 자동판매기는 어디에 있습니까?
切手自動販売機はどこですか。
깃떼지도-함바이끼와 도꼬데스까?

● 식당 입구에 있습니다.
レストランの入口にございます。
레스또란노 이리구찌니 고자이마스.

---

① 이 근처에 우체국은 없습니까?

② 지금 열려 있습니까?

③ 우표는 어디서 살 수 있습니까?

④ 한국까지 항공편으로 보내 주세요.

⑤ 이 소포를 한국으로 보내고 싶은데요.

⑥ 요금은 얼마입니까?

⑦ 한국까지 선편으로 보내 주세요.

필수 단어

속달	**速達**	소꾸따쯔
등기	**書留**	가끼또메
전보	**電報**	뎀뽀-
수취인	**受取人**	우께또리닝
보내는 사람	**送り主**	오꾸리누시
내용물	**中身**	나까미
풀	**のり**	노리
우편번호	**郵便番号**	유-빙방고-

필수 표현

① この近くに郵便局はありませんか。
고노 치까꾸니 유-빙꾜꾸와 아리마셍까?

② 今、開いていますか。
이마, 아이떼이마스까?

③ 切手はどこで買えますか。
깃떼와 도꼬데 가에마스까?

④ 韓国まで航空便で送ってください。
캉꼬꾸마데 코-꾸-빈데 오꿋떼 구다사이.

⑤ この小包を韓国に送りたいのですが。
고노 코즈쓰미오 캉꼬꾸니 오꾸리따이노데스가.

⑥ 料金はいくらですか。
료-낑와 이꾸라데스까?

⑦ 韓国まで船便で送ってください。
캉꼬꾸마데 후나빈데 오꿋떼 구다사이.

호텔에서

일본에서의 숙박

특급호텔은 대부분 예약을 필요로 하고 있으므로 한국에서 미리 예약을 하거나 여행사, 공항의 여행 안내소를 이용하면 된다. 숙박 시설은 국제 수준의 고급 호텔로부터 비즈니스호텔, 민슈쿠, 료칸, 펜션, 게이트하우스 등이 있다.

▶ 호 텔 : 요금은 1박에 싱글룸이 15,000엔이고 더블베드가 20,000엔 정도이며, 요금에는 10%의 세금과 10~15%의 서비스 요금이 별도로 가산되므로 팁은 필요 없다. 일류가 아닌 저렴한 호텔일 경우의 비용은 욕탕이 딸린 싱글이 6,000~9,000엔이고 더블베드는 8,000~13,000엔 정도이다. 대개의 호텔에서 음료수와 주류는 냉장고에 있으며 마실 경우에는 시중의 2~3배 가격을, TV프로가 아닌 비디오를 볼 경우 한 프로 당 1,400엔 정도의 별도 요금을 체크아웃할 때 지불해야 한다.

▶ 비즈니스호텔 : 최근에 생긴 새로운 형의 서구식 호텔로 호화롭지는 않으나 능률적이고 요금이 싼 것이 큰 매력이다. 일본인 비즈니스맨 이용자가 많기 때문에 대부분이 싱글룸이고 꼭 필요한 시설만 갖추고 있어서 방은 간소하고 안정감을 준다. 복사기, 팩스, 컴퓨터가 설치된 로비를 운영하며 욕실이 딸린 싱글룸이 1박에 7,000~11,000엔이다.

▶ 유스호스텔 : 민영 유스호스텔을 이용하려면 국제 유스호스텔 연맹 회원증이 필요하다. 그러나 유스호스텔 회원증이 없어도 상관없다. 요금은 1박에 2000엔 정도이며 아침식사를 포함시키려면 500엔 정도 더 지불하면 된다. 여자와 남자가 구분되어 한 룸 당 보통 4~6명이 잘 수 있다. 필요한 식기도구 빨래도구가 다 갖추어져 있다.

▶ 료칸(여관) : 료칸은 일본의 전통적인 숙박처로 일본여행 중에 하루 정도는 꼭 숙박해 볼 만한 곳으로 요금은 호텔과는 달리 사람 수에 따라 받으며, 아침 식사나 아침과 저녁식사 값을 합친 요금이 되어 있는 데도 있다. 1인당 하루에 6,000~10,000엔이다.

식당에서

식당을 찾을 때
식당을 예약할 때
식당 입구에서 테이블까지
음식을 주문할 때 (1)
음식을 주문할 때 (2)
식사 중에
식당에서의 트러블
식당에서의 계산
패스트푸드점에서
바에서

식당을 찾을 때

맛있는 식당을 찾으려면 호텔 프런트에서 묻는 것이 간단하지만, 거리를 돌아다니며 스스로 찾아보는 것도 여행의 즐거움이다.

◑ 이 근처에 한국식당이 있습니까?
この近くに韓国レストランがありますか。
고노 치까꾸니 캉꼬꾸 레스또랑가 아리마스까?

◑ 예, 불고기집이 있습니다.
はい、焼き肉屋があります。
하이, 야끼니꾸야가 아리마스.

---

① 이 근처에 맛있는 레스토랑은 없습니까?

---

② 이 도시에 한국식 레스토랑은 있습니까?

---

③ 해산물을 먹고 싶은데요.

---

④ 그건 어디에 있습니까?

---

⑤ 이 근처에 있습니까?

---

⑥ 이 지도의 어디에 있습니까?

---

⑦ 택시로 몇 분 걸립니까?

필수 단어

가깝다	**近い**	치까이
멀다	**遠い**	도-이
프랑스 요리점	**フランス料理店**	후랑스료-리뗑
일식집	**日本料理店**	니혼료-리뗑
중화요리점	**中華料理店**	츄-까료-리뗑
고장 요리	**地元の料理**	지모또노 료-리
편리한	**便利な**	벤리나
찾다	**探す**	사가스

필수 표현

① **この近くにおいしいレストランはありませんか。**
고노 치까꾸니 오이시- 레스또랑와 아리마셍까?

② **この町に韓国食レストランはありますか。**
고노 마찌니 캉꼬꾸쇼꾸 레스또랑와 아리마스까?

③ **シーフードを食べたいのですが。**
시-후-도오 다베따이노데스가.

④ **それはどこにあるのですか。**
소레와 도꼬니 아루노데스가?

⑤ **この近くにあるのですか。**
고노 치까꾸니 아루노데스까?

⑥ **この地図のどこですか。**
고노 치즈노 도꼬데스까?

⑦ **タクシーで何分かかりますか。**
타꾸시-데 남뿡 가까리마스까?

식당에서

85

식당을 예약할 때

어디서 무엇을 먹을 것인가는 여행 중에 매우 중요한 부분이다. 대부분의 식당은 예약을 하지 않아도 되지만, 유명한 식당이라면 예약을 해두는 게 좋다.

● 오후 7시에 예약을 하고 싶은데요.
午後7時に予約をしたいんですが。
고고 시찌지니 요야꾸오 시따인데스가.

● 성함을 말씀해 주십시오.
お名前をどうぞ。
오나마에오 도-조.

① 맛있는 프랑스 레스토랑을 가르쳐 주세요.

② 그 레스토랑에 예약해 주세요.

③ (접객원) 손님은 몇 분입니까?

④ 오후 6시 반에 5명이 갑니다.

⑤ 디너라면 얼마 정도입니까?

⑥ 복장에 대해서 규정은 있습니까?

⑦ 그럼, 9시 반으로 부탁합니다.

필수 단어

복장	**服装**	후꾸소-
장소	**場所**	바쇼
예약	**予約**	요야꾸
예산	**予算**	요상
취소하다	**取り消す**	도리께스
인원 수	**人数**	닌즈-
시내지도	**市内地図**	시나이치즈
표시를 하다	**印をつける**	시루시오 쓰께루

필수 표현

① おいしいフランスレストランを教えてください。
오이시- 후란스 레스또랑오 오시에떼 구다사이.

② そのレストランに予約をしてください。
소노 레스또란니 요야꾸오 시떼 구다사이.

③ お客様は何人ですか。
오까꾸사마와 난닌데스까?

④ 午後6時半に5人で行きます。
고고 로꾸지한니 고닌데 이끼마스.

⑤ ディナーだといくらぐらいですか。
디나-다도 이꾸라구라이데스까?

⑥ 服装についての決まりはありますか。
후꾸소-니 쓰이떼노 기마리와 아리마스까?

⑦ それじゃ、9時半にお願いします。
소레쟈, 구지한니 오네가이시마스.

식당에서

87

식당 입구에서 테이블까지

식당 입구에서 안내할 때까지 기다려 달라는 표시가 있으면, 그 자리에서 안내인이 올 때까지 기다려야 한다.

● 예약을 안 했는데, 자리는 있습니까?
予約はしてないんですが、席はありますか。
요야꾸와 시떼나인데스가, 세끼와 아리마스까?

● 잠시 기다리십시오.
少々お待ちください。
쇼-쇼- 오마찌쿠다사이.

① 예약했습니다.

② 예약은 하지 않았습니다.

③ (안내인) 몇 분이십니까?

④ 금연석을 부탁합니다.

⑤ (안내인) 지금 자리가 다 찼는데요.

⑥ 어느 정도 기다리는 겁니까?

⑦ 그럼, 기다리겠습니다.

필수 단어

해산물	シーフード	시-후-도
고기 요리	肉料理	니꾸료-리
생선 요리	魚料理	사까나료-리
닭 요리	鳥料理	도리료-리
오늘 특별요리	今日の特別料理	쿄-노 토꾸베쯔료-리
정식	定食	테-쇼꾸
전채	前菜	젠사이
전채접시	前菜盛り合わせ	젠사이모리아와세

필수 표현

① 予約してあります。
요야꾸시떼아리마스.

② 予約はしてありません。
요야꾸와 시떼아리마셍.

③ 何名様ですか。
남메-사마데스까?

④ 禁煙席をお願いします。
깅엔세끼오 오네가이시마스.

⑤ ただ今満席なのですが。
다다이마 만세끼나노데스가.

⑥ どのくらい待つのですか。
도노쿠라이 마쯔노데스까?

⑦ それじゃ、待ちます。
소레쟈, 마찌마스.

식당에서

음식을 주문할 때(1)

테이블에 앉으면 먼저 무엇을 마실 것인지 물어오는 경우가 많으므로 무엇을 먹을 것인지 정하기 전에 생각해두는 게 좋다.

● 무얼 드시겠습니까?
 何になさいますか。
 나니니 나사이마스까?

● 오늘 추천요리는 뭡니까?
 今日のおすすめの料理は何ですか。
 쿄-노 오스스메노 료-리와 난데스까?

① (웨이터) 주문을 받아도 될까요?

② 좀더 기다려 주세요.

③ (웨이터를 부르며) 주문을 하고 싶은데요.

④ (웨이터) 마실 것은 무얼로 하시겠습니까?

⑤ 이걸 부탁합니다.

⑥ 이것과 이것을 부탁합니다.

⑦ 저도 같은 걸 부탁합니다.

필수 단어

주문	注文	츄-몽
웨이터	ウエイター	우에이따-
맛	味	아지
달다	甘い	아마이
시다	すっぱい	습빠이
맵다	辛い	카라이
짜다	塩辛い	시오카라이
쓰다	にがい	니가이

필수 표현

① ご注文をおうかがいできますか。
고츄-몽오 오우까가이 데끼마스까?

② もうちょっと待ってください。
모-촛또 맛떼 구다사이.

③ 注文をしたいのですが。
츄-몽오 시따이노데스가.

④ 飲み物は何になさいますか。
노미모노와 나니니 나사이마스까?

⑤ これをお願いします。
고레오 오네가이시마스.

⑥ これとこれをお願いします。
고레또 고레오 오네가이시마스.

⑦ 私にも同じ物をお願いします。
와따시니모 오나지모노오 오네가이시마스.

식당에서

음식을 주문할 때 (2)

음식 이름을 잘 모르거나 할 때는 메뉴를 종업원에게 보이며 これをください (이걸 주세요)라고 하면 된다.

● 스테이크는 어떻게 구울까요?
ステーキの焼き加減はどうなさいますか。
스떼-끼노 야끼카겡와 도-니사이마스까?

● 약간만 익혀 주세요.
レアにしてください。
레아니 시떼 구다사이.

① 추천 요리는 무엇입니까?

② 무엇이 빨리 됩니까?

③ 이건 어떤 맛입니까?

④ (웨이터) 다른 주문은 없습니까?

⑤ 아니오, 그게 전부입니다.

⑥ (웨이터) 디저트는 어떻게 하시겠습니까?

⑦ 필요 없습니다. 배가 부릅니다.

필수 단어

조미료	**調味料**	쵸-미료-
설탕	**砂糖**	사또-
소금	塩	시오
후추	こしょう	고쇼-
식초	**酢**	스
겨자	からし	가라시
마늘	にんにく	닌니꾸
와인	**ワイン**	와잉

필수 표현

① おすすめ料理は何ですか。
오스스메료-리와 난데스까?

② 何が早くできますか。
나니가 하야꾸 데끼마스까?

③ これはどんな味ですか。
고레와 돈나 아지데스까?

④ ほかにご注文はございますか。
호까니 고츄-몽와 고자이마스까?

⑤ いいえ、それで全部です。
이-에, 소레데 젬부데스.

⑥ デザートはいかがなさいますか。
데자-또와 이까가 나사이마스까?

⑦ 要りません。おなかがいっぱいです。
이리마셍. 오나까가 입빠이데스.

식당에서

식사 중에

일본에서는 우리와는 달이 음식이 배고플 정도로 조금씩 나온다. 양이 부족할 때는 보통 これ、おかわりどうぞ(이거 더 주세요)라고 하면 된다.

● 여보세요, 이거 더 주세요.
すみません。これ、おかわりください。
스미마셍, 고레, 오까와리 구다사이.

● 네, 알겠습니다. 다른 것은 없습니까?
はい、わかりました。ほかに何か?
하이, 와까리마시따, 호까니 나니까?

---

① 겨자는 있습니까?

② 이건 어떻게 먹으면 됩니까?

③ 맛있게 먹고 있습니다.

④ 이건 맛있습니다.

⑤ 요리를 나눠 먹고 싶습니다.

⑥ 빵을 좀더 주세요.

⑦ 디저트 메뉴는 있습니까?

필수 단어

전골	すきやき	스끼야끼
절임	漬け物	쓰께모노
쇠고기	牛肉	규-니꾸
튀김	てんぷら	뎀뿌라
밥	ご飯	고항
된장국	味噌汁	미소시루
야채	野菜	야사이
젓가락	お箸	오하시

필수 표현

① からしはありますか。
가라시와 아리마스까?

② これはどうやって食べたらいいのですか。
고레와 도-얏떼 다베따라 이-노데스까?

③ おいしくいただいています。
오이시꾸 이따다이떼이마스.

④ これはおいしいです。
고레와 오이시-데스.

⑤ 料理を分けて食べたいのです。
료-리오 와께떼 다베따이노데스.

⑥ もう少しパンをください。
모-스꼬시 팡오 구다사이.

⑦ デザートメニューはありますか。
데자-또 메뉴-와 아리마스까?

식당에서

식당에서의 트러블

식당에서 불만이 있을 때 큰소리로 떠들지 않도록 한다. 다른 사람에게 폐가 되므로 부드러운 어조로 문제를 제기하도록 한다.

◐ 저, 이봐요. 밥에 머리카락이 들어 있어요.
あの、すみません。ご飯に髪の毛が入っていますよ。
아노, 스미마셍. 고한니 가미노께가 하잇떼이마스요.

◑ 정말 죄송합니다.
本当に申し訳ありません。
혼또-니 모-시와께아리마셍.

---

① 아직 시간이 많이 걸립니까?

② 조금 서둘러 주세요.

③ 아직 요리가 나오지 않았는데요.

④ 이건 주문하지 않았습니다.

⑤ 수프에 뭐가 들어 있어요.

⑥ 주문을 바꿔도 될까요?

⑦ 주문을 취소하고 싶은데요.

필수 단어

늦다	**遅い**	오소이
주문하다	**注文する**	츄-몬스루
다시 한번	**もう一度**	모-이찌도
틀림	**間違い**	마찌가이
변명	**言い訳**	이-와께
불평	**文句**	몽꾸
부르다	**呼ぶ**	요부
이해하다	**理解する**	리까이스루

필수 표현

① **まだだいぶ時間がかかりますか。**
마다 다이부 지깡가 가까리마스까?

② **少し急いでくれませんか。**
스꼬시 이소이데 구레마셍까?

③ **まだ料理がこないんですが。**
마다 료-리가 고나인데스가.

④ **これは注文していません。**
고레와 츄-몬시떼이마셍.

⑤ **スープに何か入っています。**
스-뿌니 나니까 하잇떼이마스.

⑥ **注文を変えてもいいですか。**
츄-몽오 가에떼모 이-데스까?

⑦ **注文を取り消したいのですが。**
츄-몽오 도리께시따이노데스가.

식당에서

식당에서의 계산

음식값을 지불할 때 현금으로 하는 경우는 별 문제가 없지만, 현금 이외에 여행자수표나 신용카드로 지불할 때는 지불이 가능한지를 미리 물어보도록 한다.

◐ 신용카드로 됩니까?
クレジットカードで支払えますか。
쿠레짓또카-도데 시하라에마스까?

◐ 네, 물론입니다.
はい、もちろんです。
하이, 모찌론데스.

① 계산서를 부탁합니다.

② 따로따로 지불을 하고 싶은데요.

③ 남은 요리를 가지고 가고 싶은데요.

④ (청구서를 보고) 봉사료는 포함되어 있습니까?

⑤ 청구서에 잘못 된 것이 있습니다.

⑥ 이건 주문하지 않았습니다.

⑦ 거스름돈이 틀립니다.

필수 단어

청구서	**請求書**	세이뀨-쇼
봉사료	**サービス料**	사-비스료-
거스름돈	**おつり**	오쯔리
지불하다	**支払う**	시하라우
합계금액	**合計金額**	고-께이킹가꾸
계산	**計算**	케-상
확인하다	**確認する**	카꾸닝스루
맞다	**合っている**	앗떼이루

필수 표현

① お勘定をお願いします。
  오깐죠-오 오네가이시마스.

② 別々に支払いをしたいのですが。
  베쯔베쯔니 시하라이오 시따이노데스가.

③ 残った料理を持って帰りたいのですが。
  노꼿따 료-리오 못떼 가에리따이노데스가.

④ サービス料は入っていますか。
  사-비스료-와 하잇떼이마스까?

⑤ 請求書に間違いがあります。
  세이뀨-쇼니 마찌가이가 아리마스.

⑥ これは注文していません。
  고레와 츄-몬시떼이마셍.

⑦ おつりが違います。
  오쯔리가 치가이마스.

식당에서

패스트푸드점에서

패스트푸드점에서는 보통 가게에서 먹을 것인지 아니면 가지고 갈 것인지 묻는 경우가 많다. 거기서 먹을 경우에는 ここで食べます라고 하면 된다.

◐ 여기서 드시겠습니까, 가지고 가시겠습니까?
ここで召し上がりますか、お持ち帰りになりますか。
고꼬데 메시아가리마스까, 오모찌카에리니 나리마스까?

◐ 여기서 먹겠습니다.
ここで食べます。
고꼬데 다베마스.

① 이 근처에 패스트푸드점은 있습니까?

② 햄버거 2개와 M사이즈 콜라 2개 주세요.

③ 여기서 먹겠습니다.

④ (요리를 가리키며) 이걸 샌드위치에 넣어 주세요.

⑤ (샌드위치는) 하얀 빵으로 부탁합니다.

⑥ (주문은) 이게 전부입니다.

⑦ 이 자리는 비어 있습니까?

필수 단어

패스트푸드점	**ファーストフード店**	화-스또후-도뗑
경식당	**軽食の店**	게-쇼꾸노 미세
피자점	**ピザ店**	피자뗑
프라이드치킨	**フライドチキン**	후라이도치낑
햄버거	**ハンバーガー**	함바-가-
포테이토 프라이	**ポテトフライ**	포떼또후라이
아침식사 메뉴	**朝食メニュー**	쵸-쇼꾸메뉴-
샌드위치	**サンドイッチ**	산도잇찌

필수 표현

① この近くにファーストフード店はありますか。
고노 치까꾸니 화-스또후-도뗑와 아리마스까?

② ハンバーガー2個とMサイズコーラ2個ください。
함바-가- 니꼬또 에무사이즈 코-라 니꼬 구다사이.

③ ここで食べます。
고꼬데 다베마스.

④ これをサンドイッチに入れてください。
고레오 산도잇찌니 이레떼 구다사이.

⑤ 食パンでお願いします。
쇼꾸빤데 오네가이시마스.

⑥ これで全部です。
고레데 젬부데스.

⑦ この席は空いていますか。
고노 세끼와 아이떼이마스까?

식당에서

바에서

일본인은 어렸을 때부터 남에게 피해를 주지 말도록 교육을 받는다. 술자리에서 큰소리로 떠들며 말하거나 술을 마시고 주정을 부리지 않도록 한다.

● 맥주는 없어요?
ビールはないんですか。
비-루와 나인데스까?

● 아뇨, 있습니다. 한국 소주도 있습니다.
いいえ、韓国の焼酎もございますよ。
이-에, 캉꼬꾸노 쇼-쮸-모 고자이마스.

① 어디 맥주가 있습니까?

② 생맥주를 두 개 주세요.

③ 물을 탄 것을 두 개 주세요.

④ 무슨 먹을 것은 있습니까?

⑤ 건배!

⑥ 한 잔 더 주세요.

⑦ 제가 내겠습니다.

필수 단어

물을 탄 술	**水割り**	미즈와리
생맥주	**生ビール**	나마비-루
흑맥주	**黒ビール**	구로비-루
고장 맥주	**地元ビール**	지모또바-루
칵테일	**カクテル**	카꾸떼루
취객	**酔っぱらい**	욥빠라이
숙취	**二日酔い**	후쯔까요이
술	**お酒**	오사께

필수 표현

① どこのビールがありますか。
도꼬노 비루가 아리마스까?

② 生ビールを2つください。
나마비-루오 후따쯔 구다사이.

③ 水割りを2つください。
미즈와리오 후따쯔 구다사이.

④ 何か食べる物はありますか。
나니까 다베루 모노와 아리마스까?

⑤ 乾杯！
감빠이!

⑥ もう一杯ください。
모- 입빠이 구다사이.

⑦ 私におごらせてください。
와따시니 오고라세떼 구다사이.

일본의 음식점

일본의 음식은 우리와 비슷하며 날 생선을 즐겨 먹는다. 대표적인 것으로는 사시미(생선회)나 스시(초밥), 스키야키(전골)와 덴푸라(튀김) 등이다. 레스토랑의 음식값은 장소에 따라 크게 다르나 호텔이나 일류식당에서는 점심이 보통 2,000엔 이상이고 저녁은 3,000엔 이상이다. 팁은 지불하지 않으며 10~15%의 서비스 요금이 추가된다. 그러나 여행자일 경우에는 저렴한 식사를 원하게 되는데 백화점의 식당, 오피스빌딩이나 대형 아케이드 지하상가에 있는 레스토랑에서는 서비스요금과 세금, 팁도 없으며 조식은 간단하게 먹으면 보통 800엔으로 할 수 있다.

▶ 레스토랑 : 대부분의 레스토랑의 입구에는 플라스틱으로 만든 요리 모형과 가격이 진열되어 있으므로 이름을 모르면 원하는 것을 손으로 가리켜서 주문할 수 있다.

▶ 일식집 : 많은 인원으로 요리를 먹거나 연회를 하는 데에 적합한 곳으로 일본 가정의 경우와 같은 다다미방으로 올라갈 때에는 구두를 벗어야 하며 편한 자세로도 상관없다. 그러나 일본에서는 예로부터 여성은 책상다리를 하지 않으며 전통적인 일식은 대체로 젓가락으로만 먹는 것이 특징이다.

▶ 회전초밥 : 초밥전문 요리점. 한 접시에 2~3개의 스시가 들어있는 접시가 회전 테이블에 올려져 있어서 원하는 양을 먹을 수 있다. 셀프서비스이며 먹는 접시 당 120~300엔의 가격을 지불한다.

▶ 로바다야끼 : 일본고유의 대중음식. 손님 앞에서 화로에 생선이나 고기 등을 꼬치에 구워서 내놓는다. 각각의 가격이 붙어있으며 술과 함께 팔고 있다.

▶ 모장마차 : 저녁시간에 번화가나 주택가의 역에서 볼 수 있으며 오뎅이나 라면 종류를 500엔 정도에 먹을 수 있다. 우리의 라면과 달리 직접 면을 만든 후 기름에 튀기지 않고 여러 가지 뜨거운 국물을 넣어서 먹는다. 술 종류는 팔지 않고 있다.

▶ 소바와 우동 : 일본을 대표하는 면류로 소바는 메밀가루로 만들며 우동은 밀가루로 만든다. 예로부터 일본서민들에게 사랑 받았던 소바와 우동은 가장 인기 높은 가벼운 식사 중의 하나이다.

▶ 패스트푸드 레스토랑 : 간단한 식사를 원한다면 우리나라에서 흔히 볼 수 있는 롯데리아, 웬디스, 맥도날드, KFC, 피자헛, 팟자인 등의 서양식 패스트푸드점을 이용한다. 전국 주요 도시에 많은 지점망을 두고 영업하고 있고 이곳에서 300~450엔 정도면 햄버거와 콜라 한 잔을 먹을 수 있다.

쇼핑

쇼핑의 기본 회화 (1)
쇼핑의 기본 회화 (2)
물건값을 흥정할 때
전자상가에서
옷가게에서
가방가게에서
여행 소모품점에서
보석·액세서리
스포츠 용품점에서
물건의 교환·반품
시내 면세점에서

쇼핑의 기본 회화 (1)

가게에 들어가면 반드시 점원이 いらっしゃいませ(어서 오십시오)라고 큰 소리로 외친다. 손님은 가볍게 인사를 하면 된다.

● 어서 오십시오. 무얼 찾으십니까?
 いらっしゃいませ。何をお探しですか。
 이랏샤이마세. 나니오 오사가시떼스까?

● 아내에게 줄 선물을 사려고 합니다.
 家内へのお土産を買おうと思います。
 가나이에노 오미야게오 가오-또 오모이마스.

① (점원) 어서 오십시오.

② 보고 있을 뿐입니다.

③ 블라우스를 찾고 있습니다.

④ 저걸 보여 주겠어요?

⑤ 이걸 만져도 됩니까?

⑥ 이건 수제품입니다.

⑦ 소재는 무엇입니까?

필수 단어

모피	**毛皮**	케가와
손목시계	**腕時計**	우데도께-
장난감	**おもちゃ**	오모쨔
카펫	**じゅうたん**	쥬-땅
부엌용품	**台所用品**	다이도꼬로요-힝
수제품	**ハンドメイド**	한도메이도
상감세공	**象眼細工**	조-간자이꾸
손잡이 맥주잔	**ジョッキ**	쬭끼

필수 표현

① **いらっしゃいませ。**
이랏샤이마세.

② **見ているだけです。**
미떼이루다께데스.

③ **ブラウスを探しています。**
부라우스오 사가시떼이마스.

④ **あれを見せてくれませんか。**
아레오 미세떼 구레마셍까?

⑤ **これに手を触れてもいいですか。**
고레니 데오 후레떼모 이-데스까?

⑥ **これはハンドメイドですか。**
고레와 한도메이도데스까?

⑦ **素材は何ですか。**
소자이와 난데스까?

쇼핑

쇼핑의 기본 회화 (2)

물건을 사면 특별히 포장을 해주지 않는다. 만약 친구나 가족에게 선물을 하고 싶다면 포장을 부탁하도록 한다.

◐ 이건 어떻습니까?
これはいかがですか。
고레와 이까가데스까?

◑ 글쎄요, 별로 마음에 들지 않습니다.
そうですね、あまり気に入りませんね。
소-데스네, 아마리 기니이리마셍네.

---

① 이건 얼마입니까?

② 이걸 주세요.

③ (점원) 더 필요한 것은 없습니까?

④ 아니오, 그게 전부입니다.

⑤ 이건 필요 없습니다.

⑥ 마음에 든 것이 없습니다.

⑦ 이 카드를 쓸 수 있습니까?

필수 단어

민속의상	**民俗衣装**	민조꾸이쇼-
티셔츠	**Tシャツ**	티샤쓰
타월	**タオル**	타오루
수영복	**水着**	미즈기
선글라스	**サングラス**	상구라스
인형	**人形**	닝교-
민예품	**民芸品**	밍게이힝
문방구	**文房具**	붐보-구

필수 표현

① **これはいくらですか。**
고레와 이꾸라데스까?

② **これをください。**
고레오 구다사이.

③ **ほかに何かございますか。**
호까니 나니까 고자이마스까?

④ **いいえ、それで全部です。**
이-에, 소레데 젬부데스.

⑤ **これは要りません。**
고레와 이리마셍.

⑥ **気に入った物がありません。**
기니잇따 모노가 아리마셍.

⑦ **このカードが使えますか。**
고노 카-도가 쓰까에마스까?

쇼핑

물건값을 흥정할 때

백화점이 일류 매장에서는 가격을 깎아 주지 않지만, 여행객을 상대로 하는 선물가게나 개인 상점에서는 가격을 흥정할 수가 있다.

● 더 싸게 안 됩니까?
もっと安くなりませんか。
못또 야스꾸나리마셍까?

● 이 이상은 곤란합니다.
これ以上は困りますよ。
고레 이죠-와 고마리마스요.

---

① 너무 비쌉니다.

② 깎아주겠어요?

③ 더 싼 것은 없습니까?

④ 깎아주면 살게요.

⑤ 5천으로 안 되겠습니까?

⑥ 제 친구도 여기서 살 생각입니다.

⑦ 이건 다른 가게에서 1만엔입니다.

필수 단어

선물가게	お土産店	오미야게땡
시장	市場	이찌바
벼룩시장	ノミの市	노미노 이찌
상인	商人	쇼-닝
교섭	交渉	코-쇼-
도기	陶器	토-끼
자수	刺繡	시슈-
유리세공	ガラス細工	가라스자이꾸

필수 표현

① 高すぎます。
다까스기마스.

② 負けてくれますか。
마께떼 구레마스까?

③ もっと安い物はありませんか。
못또 아스이 모노와 아리마셍까?

④ 負けてくれたら買います。
마께떼구레따라 가이마스.

⑤ 五千円になりませんか。
고셍엔니 나리마셍까?

⑥ 私の友達もここで買うつもりなのです。
와따시노 도모다찌모 고꼬데 가우 쓰모리나노데스.

⑦ これはほかの店で一万円です。
고레와 호까노 미세데 이찌망엔데스.

쇼핑

전자상가에서

일본에서의 쇼핑은 역시 전자제품이다. 도쿄의 경우 전자상가인 秋葉原(아키하바라)에 가면 다양한 종류의 전자제품을 구경할 수 있다.

● 이건 조작도 간단하고 쓰기 편해요.
これは操作も簡単で、使いやすいです。
고레와 소-사모 간딴데, 쓰까이야스이데스.

● 가격은 어떻게 됩니까?
値段はどうなりますか。
네당와 도-나리마스까?

---

① 전자제품은 이 가게가 쌉니다.

---

② 퍼스널 컴퓨터를 보고 싶은데요.

---

③ 워크맨을 갖고 싶습니다.

---

④ 조작하기 쉬운 카메라를 보여 주세요.

---

⑤ 이 단파라디오는 한국에서도 들을 수 있습니까?

---

⑥ 비디오 카메라를 사고 싶은데요.

---

⑦ 세관에서 문제가 되는 일은 없겠죠?

필수 단어

신형	**新型**	싱가따
구형	**旧型**	큐-가따
소형	**小型**	고가따
비디오	**ビデオ**	비데오
텔레비전	**テレビ**	데레비
전화기	**電話機**	뎅와끼
라디오카세트	**ラジカセ**	라지까세
핸드폰	**携帯電話**	케-따이뎅와

필수 표현

① **電子製品はこの店が安いです。**
덴시세-힝와 고노 미세가 야스이데스.

② **パソコンが見たいんですが。**
파소꽁가 미따인데스가.

③ **ウォークマンがほしいです。**
워-꾸망가 호시-데스.

④ **操作の簡単なカメラを見せてください。**
소-사노 간딴나 카메라오 미세떼 구다사이.

⑤ **この短波ラジオは韓国でも聞けますか。**
고노 담빠라지오와 캉꼬꾸데모 기께마스까?

⑥ **ビデオカメラを買いたいんですが。**
비데오카메라오 가이따인데스가.

⑦ **税関で問題になることはないでしょう。**
제-깐데 몬다이니나루 고또와 나이데쇼-.

쇼핑

옷가게에서

옷을 사기 전에 몇 번 입어 봐도 뭐라고 하지 않는다. 시간이 있으면 지금까지 입은 적이 없는 색상이나 디자인을 골라서 입어 보는 것도 재미있다.

◐ 입어 보시겠습니까?
試着してごらんになりますか。
시짜꾸시떼 고란니나리마스까?

◐ 글쎄요, 이 스타일로 더 작은 것은 없습니까?
そうですね。このスタイルでもっと小さいのはありませんか。
소-데스네. 고노 스따이루데 못또 치-사이노와 아리마셍까?

① 재킷은 있습니까?

② 입어 봐도 되겠습니까?

③ 시착실은 어디입니까?

④ 좀더 작은(큰) 것을 부탁합니다.

⑤ 사이즈를 재 주세요.

⑥ 이걸로 내게 맞는 사이즈는 있습니까?

⑦ 색상이 다른 건 있습니까?

필수 단어

옷감	生地	기지
치수	寸法	슴뽀-
같은	同じ	오나지
다르다	異なる	고또나루
꽃 모양	花模様	하나모요-
줄무늬	しま模様	시마모요-
화려한	派手な	하데나
수수한	地味な	지미나

필수 표현

① ジャケットはありますか。
자껫또와 아리마스까?

② 試着してみてもいいですか。
시짜꾸시떼미떼모 이-데스까?

③ 試着室はどこですか。
시짜꾸시쯔와 도꼬데스까?

④ もう少し小さい(大きい)のをお願いします。
모-스꼬시 치-사이(오-끼-)노오 오네가이시마스.

⑤ サイズを計ってくれませんか。
사이즈오 하깟떼 구레마셍까?

⑥ これで私のサイズはありますか。
고레데 와따시노 사이즈와 아리마스까?

⑦ 色違いはありますか。
이로치가이와 아리마스까?

쇼핑

가방가게에서

진열되어 있는 가방을 만져 볼 때는 점원에게 허락을 받는 게 좋다. 갑자기 점내에 들어가 허락도 없이 만지면 점원이 인상을 찌푸리는 경우도 있다.

◐ 핸드백을 사고 싶은데요.
ハンドバッグがほしいのですが。
한도박구가 호시-노데스가.

◑ 이런 것은 어떠십니까?
これなど、いかがですか。
고레나도, 이까가데스까?

① 만져도 됩니까?

② 샤넬 가방은 어디에 있습니까?

③ 이 소재는 무엇입니까?

④ 이건 인조 가죽입니까?

⑤ 이 색상으로 다른 모양은 있습니까?

⑥ 이 모양으로 검정색은 있습니까?

⑦ 다른 디자인은 있습니까?

필수 단어

핸드백	ハンドバッグ	한도박구
숄더백	ショルダーバッグ	쇼루다-박구
소형가방	小型バッグ	고가따박구
여행용 가방	スーツケース	스-쓰케-스
돈지갑	札入れ	사쓰이레
지갑	財布	사이후
잔돈지갑	小銭入れ	고제니이레
악어가죽	わに革	와니가와

필수 표현

① 触ってもいいですか。
사왓떼모 이-데스가?

② シャネルのバッグはどこですか。
샤네루노 박구와 도꼬데스까?

③ この素材は何ですか。
고노 소자이와 난데스까?

④ これは人工皮革ですか。
고레와 징꼬-히까꾸데스까?

⑤ この色でほかの形はありますか。
고노 이로데 호까노 가따찌와 아리마스까?

⑥ この形で黒はありますか。
고노 가따찌데 구로와 아리마스까?

⑦ 何かほかのデザインはありますか。
나니까 호까노 데자잉와 아리마스까?

쇼핑

여행 소모품점에서

샴푸나 칫솔 등 여행지에서 쓰는 일용품을 현지에서 살 때는 숙박지 근처의 슈퍼나 할인점에 가서 구입하면 된다.

● 칫솔은 있습니까?
歯ブラシはありますか。
하부라시와 아리마스까?

● 있습니다. 어느 것이 좋을까요?
ございます。どれがよろしいですか。
고자이마스. 도레가 요로시-데스까?

① 칫솔은 어디에 있습니까?

② 손톱깎이는 있습니까?

③ 필름은 어디서 살 수 있습니까?

④ 36판 필름 1통 주세요.

⑤ 이것과 같은 전지는 있습니까?

⑥ 일회용 카메라는 있습니까?

⑦ 이 근처에 즉석 현상소는 있습니까?

필수 단어

선탠오일	**日焼けオイル**	히야께오이루
화장품	**化粧品**	게쇼-힝
립스틱	**口紅**	구찌베니
티슈	**ティッシュ**	팃슈
밴드	**バンドエイド**	반도에이도
치약	**歯磨き**	하미가끼
우산	**傘**	가사
전지	**電池**	덴찌

필수 표현

① **歯ブラシはどこにありますか。**
하부라시와 도꼬니 아리마스까?

② **爪切りはありますか。**
쓰메끼리와 아리마스까?

③ **フィルムはどこで買えますか。**
휘루무와 도꼬데 가에마스까?

④ **36枚撮りを1本ください。**
산쥬-로꾸마이도리오 입뽕 구다사이.

⑤ **これと同じ電池はありますか。**
고레또 오나지 덴찌와 아리마스까?

⑥ **使い捨てカメラはありますか。**
쓰까이스떼카메라와 아리마스까?

⑦ **この近くにスピード現像所はありますか。**
고노 치까꾸니 스삐-도 겐조-쇼와 아리마스까?

쇼핑

보석 · 액세서리

면세점에서 취급하고 있는 브랜드 이외에 멋지고 세련된 것이 얼마든지 많다.
백화점이나 전문 보석점을 돌아다니며 쇼핑하는 것도 큰 즐거움이다.

● 루비 반지를 보여 주시겠습니까?
ルビーの指輪を見せていただけませんか。
루비-노 유비와오 미세떼 이따다께마스까?

● 이런 것들은 어떻습니까?
これなど、いかがですか。
고레나도, 이까가데스까?

---

① 보석 매장은 어디죠?

② 이 돌은 무엇입니까?

③ 이 팔찌를 보여 주세요?

④ 왼쪽에서 두 번째 것을 보여 주세요.

⑤ 이건 24K입니다.

⑥ 보증서는 있습니까?

⑦ 선물용으로 포장해 주세요.

필수 단어

보석	**宝石**	호-세끼
액세서리	**アクセサリー**	아꾸세사리-
탄생석	**誕生石**	탄죠-세끼
진주	**真珠**	신쥬
루비	**ルビー**	루비-
목걸이	**ネックレス**	넥꾸레스
귀걸이	**イヤリング**	이야링구
브로치	**ブローチ**	부로-찌

필수 표현

① 宝石売り場はどこでしょう。
호-세끼 우리바와 도꼬데쇼-?

② この石は何ですか。
고노 이시와 난데스까?

③ このブレスレットを見せてください。
고노 부레스렛또오 미세떼 구다사이.

④ 左から2番目の物を見せてください。
히다리까라 니밤메노 모노오 미세떼 구다사이.

⑤ これは24金ですか。
고레와 니쥬-용낑데스까?

⑥ 保証書は付いていますか。
호쇼-쇼와 쓰이떼이마스까?

⑦ 贈り物用に包んでください。
오꾸리모노요-니 쓰쓴데 구다사이.

쇼핑

스포츠 용품점에서

여행자 중에 스포츠를 좋아한다면 전문 상가에 들러 쇼핑을 하는 게 좋다. 특히 골프 용품 같은 것은 다양한 브랜드가 구비되어 있다.

● 골프는 좋아하십니까?
ゴルフはお好きですか。
고루후와 오스끼데스까?

● 네, 골프 용품 매장을 소개해 주세요.
はい、ゴルフ用品の売り場を紹介してください。
하이, 고루후요-힌노 우리바오 쇼-까이시떼 구다사이.

---

① 이 근처에 스포츠 용품점은 있습니까?

② 이 쇼핑몰 안에 있습니다.

③ 부기보드를 찾고 있습니다.

④ 워킹 슈즈는 있습니까?

⑤ 좀더 작은 것은 있습니까?

⑥ 이게 딱 맞습니다.

⑦ 이걸 주세요.

필수 단어

골프 용품	**ゴルフ用品**	고루후요-힝
아웃도어 용품	**アウトドア用品**	아우또도아요-힝
낚시 용품	**釣用品**	쓰리요-힝
스키	**スキー用品**	스까-요-힝
테니스	**テニス用品**	테니스요-힝
서프보드	**サーフボード**	사-후보-도
스포츠 용품	**スポーツ用品**	스보-쓰요-힝
용품점	**用品店**	요-힌뗑

필수 표현

① このあたりにスポーツ用品店はありますか。
고노 아따리니 스뽀-쯔요-힝뗑와 아리마스까?

② このショッピングモールの中にあります。
고노 숍뼁구 모-루노 나까니 아리마스.

③ ブギーボードを探しています。
부기-보-도오 사가시떼 이마스.

④ ウォーキングシューズはありますか。
워-낑구슈-즈와 아리마스까?

⑤ もう少し小さいのはありますか。
모-스꼬시 치-사이노와 아리마스까?

⑥ これはぴったりです。
고레와 삐따리데스.

⑦ これをください。
고레오 구다사이.

물건의 교환·반품

구입한 물건에 흠집이 있거나 찢어진 것이 있으면 구입한 곳에 가서 사정을 이야기하고 교환을 받거나 반품을 하도록 한다.

◑ 여기가 망가져 있었어요.
ここが壊れていました。
고꼬가 고와레떼이마시따.

◐ 영수증은 가지고 계십니까?
領収書はお持ちですか。
료-슈-쇼와 오모찌데스까?

① 이걸 교환해 주었으면 하는데요.

② 이 스커트를 환불받고 싶은데요.

③ 어디로 가면 됩니까?

④ (물건을 보이며) 때가 묻었습니다.

⑤ 깨져 있습니다.

⑥ 찢어져 있습니다.

⑦ 여기에 영수증이 있습니다.

필수 단어

교환	**取り換え**	도리까에
반품	**返品**	헴삥
흠집이 있다	**きずがついてる**	기즈가 쓰이떼루
터지다	**ほつれてる**	호쓰레떼루
금	**ひび**	히비
환불	**払い戻し**	하라이모도시
찢어지다	**やぶれる**	야부레루
깨지다	**こわれる**	고와레루

필수 표현

① **これを取り換えてもらいたいのですが。**
고레오 도리까에떼 모라이따이노데스가.

② **このスカートを払い戻してもらいたいのですが。**
고노 스까-또오 하라이모도시떼 모라이따이노데스가.

③ **どこに行けばいいのですか。**
도꼬니 이께바 이-노데스까?

④ **汚れているんです。**
요고레떼이룬데스.

⑤ **こわれているんです。**
고와레떼이룬데스.

⑥ **やぶれています。**
야부레떼이마스.

⑦ **ここに領収書があります。**
고꼬니 료-슈쇼가 아리마스.

쇼핑

시내 면세점에서

면세점에 들어가려면 탑승권을 보여야 한다. 산 물건은 물건에 따라 현지에서 건네받는 것도 있고, 한국에 받는 인도받는 것도 있다.

● 면세점은 어디에 있습니까?
 免税店はどこにありますか。
 멘제-뗑와 도꼬니 아리마스까?

● 저 백화점 안에 있습니다.
 あのデパートの中にあります。
 아노 데빠-또노 나까니 아리마스.

---

① 면세점은 어디에 있습니까?

---

② 이 립스틱을 주세요.

---

③ 신용카드로 지불하겠습니다.

---

④ 이 가게에서 면세로 살 수가 있습니까?

---

⑤ 얼마 사면 됩니까?

---

⑥ 어느 정도 환급받나요?

---

⑦ (세관에서 서류를 보이며) 세금 환급수속을 하고 싶은데요.

필수 단어

세금	税金	제-낑
면세	免税	멘제-
환급	税の還付	제-노캄뿌
서류	書類	쇼루이
제출하다	提出する	데이슈쯔스루
수속	手続き	데쓰즈끼
세관사무소	税関事務所	제-깐지무쇼
면세점	免税店	멘제-뗑

필수 표현

① **免税店はどこにありますか。**
멘제-뗑와 도꼬니 아리마스까?

② **この口紅をください。**
고노 구찌베니오 구다사이.

③ **クレジットカードで支払います。**
쿠레짓또카-도데 시하라이마스.

④ **この店では免税で買うことができますか。**
고노 미세데와 멘제-데 가우고또가 데끼마스까?

⑤ **いくら買えばいいのですか。**
이꾸라 가에바 이-노데스까?

⑥ **どのくらいお金が戻ってくるのですか。**
도노쿠라이 오까네가 모돗떼 구루노데스까?

⑦ **税の還付手続きをしたいのですが。**
제-노 캄뿌데쓰즈끼오 시따이노데스가.

쇼핑

일본의 화폐

一万円 (이찌망엥)

五千円 (고셍엥)

千円 (셍엥)

五百円 (고햐꾸엥)　　百円 (햐꾸엥)　　五十円 (고쥬-엥)

十円 (쥬-엥)　　五円 (고엥)　　一円 (이찌엥)

관광 · 스포츠

관광안내소에서
시내관광
사진을 찍을 때
극장 · 콘서트
야간 관광
스포츠 관전
테니스 · 골프
낚시를 즐길 때
스키를 즐길 때

관광안내소에서

단체로 여행을 가면 당연히 가이드가 안내를 해 주지만 개인적으로 여행을 할 경우에는 사전에 여행지에 관한 정보를 얻어야 한다.

◐ 야마다 씨, 긴자를 안내 주시지 않겠습니까?
山田さん、銀座を案内してくださいませんか。
야마다상, 긴자오 안나이시떼 구다사이마셍까?

◑ 예, 기꺼이 해 드리겠습니다.
ええ、よろこんで。
에-, 요로꼰데.

---

① 이 도시의 가이드북은 있습니까?

② 이 도시의 명소를 구경하고 싶은데요.

③ 관광안내지도를 얻을 수 있습니까?

④ 재미있는 곳이 있습니까?

⑤ 어디를 보고 싶으십니까?

⑥ 안내해드릴까요?

⑦ 온천에 가서 푹 쉬고 싶은데요.

필수 단어

관광	**観光**	캉꼬-
안내소	**案内所**	안나이쇼
가이드북	**ガイドブック**	가이도북꾸
안내지도	**案内地図**	안나이치즈
명소	**名所**	메-쇼
볼만한 곳	**みどころ**	미도꼬로
안내	**案内**	안나이
구경	**見物**	겜부쯔

필수 표현

① この町のガイドブックはありますか。
고노 마찌노 가이도북꾸와 아리마스까?

② この町の名所を見物したいんですが。
고노 마찌노 메-쇼오 겜부쯔시따인데스가.

③ 観光案内地図をもらえますか。
강꼬-안나이치즈오 모라에마스까?

④ おもしろいところがありますか。
오모시로이 도꼬로가 아리마스까?

⑤ どこをご覧になりたいですか。
도꼬오 고란니나리따인데스까?

⑥ ご案内いたしましょうか。
고안나이 이따시마쇼-까?

⑦ 温泉へ行ってゆっくり休みたいんですが。
온셍에 잇떼 육꾸리 야스미따인데스가.

시내 관광

도쿄의 순환선인 山の手線(야마노떼센)을 타고 한 바퀴 돌아보는 것도 유익하다. 또한 はとバス(하토버스)를 타면 도쿄의 명소를 관광할 수 있다.

● 저 높은 탑은 무엇입니까?
あの高いタワーは何ですか。
아노 다까이 타와-와 난데스까?

● 저건 도쿄타워입니다.
あれは東京タワーです。
아레와 도-꾜 타와-데스.

① 도쿄에서 가장 높은 빌딩은 무엇입니까?

② 도쿄 근처에서는 어디가 유명합니까?

③ 하코네와 닛코가 유명합니다.

④ 넓고 깨끗한 공원이군요.

⑤ 멋진 건물이군요.

⑥ 꽤 오래되었군요?

⑦ 황궁 앞과 메이지신궁에 가보지 않겠어요?

필수 단어

가정, 제일	いちばん	이찌방
오래되다	古い	후루이
새롭다	新しい	아따라시-
훌륭하다	立派だ	립빠다
멋지다	すばらしい	스바라시-
절	お寺	오떼라
유명한	有名な	유-메-나
깨끗하다	きれいだ	기레이다

필수 표현

① 東京でいちばん高いビルは何ですか。
도-꾜-데 이찌반 다까이 비루와 난데스까?

② 東京の近くではどこが有名ですか。
도-꾜-노 치까꾸데와 도꼬가 유-메-데스까?

③ 箱根と日光が有名です。
하꼬네또 닛꼬-가 유-메-데스.

④ 広々してきれいな公園ですね。
히로비로시떼 기레이나 코-엔데스네.

⑤ 立派な建物ですね。
립빠나 다떼모데스네.

⑥ ずいぶん古いんですね。
즈이붕 후루인데스네.

⑦ 皇居前と明治神宮へ行ってみませんか。
코-꾜마에또 메이지징구-에 잇떼 미마셍까?

관광·스포츠

사진을 찍을 때

여행에서 남는 것은 사진밖에 없다고 흔히 말한다. 여행지에서 배경 사진도 중요하지만, 현지인과 함께 사진을 찍는 것도 좋은 추억이 된다.

◐ 찍을 테니까 웃으세요. 자, 찍었습니다.
　写しますから笑ってください。はい、写しました。
　우쯔시마스까라 와랏떼 구다사이. 하이, 우쯔시마시따.

◐ 고맙습니다.
　ありがとうございました。
　아리가또-고자이마시따.

---

① 여보세요!

---

② 셔터를 눌러 주시겠어요?

---

③ 당신 사진을 찍어도 됩니까?

---

④ 함께 사진을 찍읍시다.

---

⑤ 비디오를 찍어도 됩니까?

---

⑥ 이 사진을 보내겠습니다.

---

⑦ 당신 이름과 주소를 써 주시겠어요?

필수 단어

귀엽다	かわいい	가와이-
여행자	旅行者	료꼬-샤
그 고장 사람	地元の人	지모또노 히또
플래시 금지	フラッシュ禁止	후랏슈 킨시
촬영금지	撮影禁止	사쯔에-킨시
카메라	カメラ	카메라
비디오	ビデオ	비데오
사진을 찍다	写真を撮る	샤싱오 도루

필수 표현

① すみません！
스미마셍!

② シャッターを押してくれませんか。
샷따-오 오시떼 구레마셍까?

③ あなたの写真を撮ってもいいですか。
아나따노 샤싱오 돗떼모 이-데스까?

④ 一緒に写真を撮りましょう。
잇쇼니 샤싱오 도리마쇼-

⑤ ビデオを撮ってもいいですか。
비데오오 돗떼모 이-데스까?

⑥ この写真を送ります。
고노 샤싱오 오꾸리마스.

⑦ あなたの名前と住所を書いてくれませんか。
아나따노 나마에또 쥬-쇼오 가이떼 구레마셍까?

극장·콘서트

인기가 있는 콘서트나 영화, 연극 등은 미리 표를 구입해 두는 것이 편리하다.
표를 구하지 못했을 경우에는 호텔 프런트에 문의한다.

◐ 오늘밤 좌석은 아직 있습니까?
今晩の席はまだありますか。
곰반노 세끼와 마다 아리마스까?

◐ 네, 2장만 남았습니다.
はい、二枚だけ残っています。
하이 니마이다께 노꼿떼이마스.

---

① 뮤지컬을 보고 싶은데요.

② 이번 주 클래식 콘서트는 없습니까?

③ 표는 어디서 삽니까?

④ 오늘 표는 아직 있습니까?

⑤ 내일 밤 표를 두 장 주세요.

⑥ 몇 시에 시작됩니까?

⑦ 택시로 (극장까지) 몇 분 걸립니까?

필수 단어

매표소	**切符売り場**	깁뿌우리바
예매권	**前売券**	마에우리껭
지정석	**指定席**	시떼-세끼
특별석	**特別席**	토꾸베쯔세끼
자유석	**自由席**	지유-세끼
좌석안내인	**座席案内人**	자세끼안나이닝
비상구	**非常口**	히죠-구찌
휴식	**休憩**	큐-께-

필수 표현

① ミュージカルを見たいのですが。
뮤-지까루오 미따이노데스가.

② 今週のクラシックコンサートはありませんか。
곤슈-노 쿠라식꾸 콘사-또와 아리마셍까?

③ 切符はどこで手に入りますか。
깁뿌와 도꼬데 데니하이리마스까?

④ 今日の切符はまだありますか。
쿄-노 깁뿌와 마다 아리마스까?

⑤ 明日の晩の切符を2枚お願いします。
아시따노 반노 깁뿌오 니마이 오네가이시마스.

⑥ 何時に始まりますか。
난지니 하지마리마스까?

⑦ タクシーで何分ですか。
타꾸시-데 남뿐데스까?

관광・스포츠

야간 관광

밤에 시내관광을 한다는 것은 매우 즐겁고 흥미로운 일이다. 하지만 아무리 치안이 잘 되어 있어도 범죄가 있는 법, 외국이라는 것을 잊지 말도록.

● 쇼는 언제 시작됩니까?
ショーはいつ始まりますか。
쇼-와 이쯔 하지마리마스까?

● 곧 있습니다.
間もなくでございます。
마모나꾸데 고자이마스

① 인기가 있는 디스코는 어디에 있습니까?

② 그건 안전한 곳에 있습니까?

③ 택시로 몇 분 걸립니까?

④ 그 요리에는 무엇이 포함되어 있습니까?

⑤ (타고 간 택시 운전사에게) 다시 마중 나와 주겠어요?

⑥ 여기에 9시에 와 주세요.

⑦ 택시를 불러 주세요.

필수 단어

치안	治安	치앙
안전한	安全な	안젠나
가깝다	近い	치까이
멀다	遠い	도-이
입장료	入場料	뉴-죠-료-
식사	食事	쇼꾸지
마실 것	飲み物	노미모노
귀가하다	家に帰る	이에니 가에루

필수 표현

① 人気のあるディスコはどこですか。
닝끼노 아루 디스꼬와 도꼬데스까?

② それは安全なところにありますか。
소레와 안젠나 도꼬로니 아리마스까?

③ タクシーで何分かかりますか。
타꾸시-데 남뿐 가까리마스까?

④ その料金には何が含まれていますか。
소노 료-낀니와 나니가 후꾸마레떼이마스까?

⑤ 帰りも迎えにきてくれますか。
가에리모 무까에니 기떼 구레마스까?

⑥ ここに9時に来てください。
고꼬니 쿠지니 기떼 구다사이.

⑦ タクシーを呼んでください。
타꾸시-오 욘데 구다사이.

관광·스포츠

스포츠 관전

스포츠를 좋아하는 사람은 야구나 축구, 또는 스모 등을 보러 가는 것도 여행의 즐거움이 될 수 있다. 표는 시합 전에 가면 쉽게 구입할 수가 있다.

● 저 선수를 알고 있나요?
あの選手を知っていますか。
아노 센슈오 싯떼이마스까?

● 네, 한국에서도 인기가 있습니다.
はい、韓国でも人気がありますよ。
하이, 캉꼬꾸데모 닝끼가 아리마스요.

---

① 농구 시합을 보고 싶은데요.

---

② 축구 시합은 어디서 볼 수가 있습니까?

---

③ 그건 언제입니까?

---

④ 그건 어디입니까?

---

⑤ 표는 구할 수 있습니까?

---

⑥ 경기장에 가려면 어떻게 하면 됩니까?

---

⑦ 시합은 몇 시 무렵에 끝납니까?

필수 단어

시합	試合	시아이
야구	**野球**	야큐-
농구	バスケットボール	바스껫또보-루
풋볼	フットボール	훗또보-루
축구	サッカー	삭까-
선수	**選手**	센슈
고장 팀	**地元チーム**	지모또치-무
상대 팀	**相手チーム**	아이떼치-무

필수 표현

① バスケットボールの試合を見たいのですが。
바스껫또보-루노 시아이오 미따이노데스가.

② サッカーの試合はどこで見ることができますか。
삭까-노 시아이와 도꼬데 미루고또가 데끼마스까?

③ それはいつですか。
소레와 이쯔데스까?

④ それはどこですか。
소레와 도꼬데스까?

⑤ 切符は手に入りますか。
깁뿌와 데니하이리마스까?

⑥ スタジアムに行くにはどうしたらいいですか。
스따지아무니 이꾸니와 도-시따라 이-데스까?

⑦ 試合は何時ごろ終わりますか。
시아이와 난지고로 오와리마스까?

관광·스포츠

테니스·골프

호텔 코트에서 테니스를 하고 싶으면 프런트에서 신청하면 된다. 공용 코트라면 대개 무료로 선착순으로 경기를 할 수가 있다.

◐ 골프 예약을 해 주겠어요?
 ゴルフの予約をしてくれますか。
 고루후노 요야꾸오 시떼 구레마스까?

◐ 알겠습니다. 언제 하시겠습니까?
 わかりました。いつなさいますか。
 와까리마시따. 이쯔 나사이마스까?

---

① 테니스(골프)를 하고 싶은데요.

---

② 예약을 부탁합니다.

---

③ 오늘 플레이할 수 있습니까?

---

④ (골프) 그린피는 얼마입니까?

---

⑤ (골프) 그 요금은 카트대도 포함됩니까?

---

⑥ (골프) 몇 시에 티오프할 수 있습니까?

---

⑦ (테니스) 근처에 공중 코트가 있습니까?

필수 단어

순번	**順番**	쥼방
기다리다	**待つ**	마쯔
시작하다	**始める**	하지메루
끝나다	**終わる**	오와루
왼손잡이	**左利き**	히다리기끼
연습장	**練習場**	렌슈-죠-
코트	**コート**	코-또
함께	**一緒に**	잇쇼니

필수 표현

① テニス(ゴルフ)をしたいのですが。
테니스(고루후)오 시따이노데스가.

② 予約をお願いします。
요야꾸오 오네가이시마스.

③ 今日、プレーできますか。
쿄- 프레-데끼마스까?

④ グリーンフィーはいくらですか。
구-리-ㄴ휘-와 이꾸라데스까?

⑤ その料金はカート代込ですか。
소노 료-낑와 카-또다이 꼬미데스까?

⑥ 何時にティーオフできますか。
난지니 티-오후데끼마스까?

⑦ 近くにパブリックコートがありますか。
치까꾸니 파부릭꾸코-또가 아리마스까?

관광・스포츠

낚시를 즐길 때

일본은 섬나라이므로 바다낚시를 즐길 수 있는 곳이 많다. 낚시를 하기 전에 미리 허가를 받아야 하는지 알아보는 것도 잊지 말자.

● 여기에서는 뭐가 주로 잡히나요?
ここでは何がよく釣れるのですか。
고꼬데와 나니가 요꾸 쓰레루노데스까?

● 넙치가 주로 잡힙니다.
ひらめがよく釣れるんです。
히라메가 요꾸 쓰레룬데스.

---

① 라이선스는 금방 받을 수 있습니까?

② 무엇이 잡힙니까?

③ 가이드가 딸린 보트를 부탁합니다.

④ 낚시도구와 미끼도 필요합니다.

⑤ 어떤 종류의 크루징이 있습니까?

⑥ 오늘 바람은 어때요?

⑦ 몇 시에 출발합니까(돌아옵니까)?

필수 단어

낚싯대	**釣りざお**	쓰리자오
줄	**糸**	이또
낚싯봉	**おもり**	오모리
바늘	**針**	하리
미끼	**えさ**	에사
낚시도구	**つり道具**	쓰리도-구
선셋크루즈	**サンセットクルーズ**	산셋또쿠루-즈
라이선스	**ライセンス**	라이센스

필수 표현

① **ライセンスはすぐに手に入りますか。**
라이센스와 스구니 데니하이리마스까?

② **何が釣れるのですか。**
나니가 쓰레루노데스까?

③ **ガイドつきのボートをお願いします。**
가이도쓰끼노 보-또오 오네가이시마스.

④ **つり道具とえさも必要です。**
쓰리도-구또 에사모 히쯔요-데스.

⑤ **どんな種類のクルージングがありますか。**
돈나 슈루이노 쿠루-징구가 아리마스까?

⑥ **今日の風はどうですか。**
쿄-노 카제와 도-데스까?

⑦ **何時に出発しますか(戻ってきますか)？**
난지니 슛바쯔시마스까(모돗떼기마스가)?

스키를 즐길 때

일본의 국토는 가늘고 길어 겨울에 북쪽으로 가면 많은 눈을 볼 수 있다. 스키용품은 대부분 빌릴 수 있으므로 미리 준비해갈 필요는 없다.

◐ 당신은 스키를 좋아합니까?
あなたはスキーがお好きですか。
아나따와 스끼-가 오스끼데스까?

◐ 예. 하지만 작년에 시작했습니다.
ええ。でも昨年始めたばかりなんです。
에-. 데모 사꾸넹 하지메따바까리난데스.

---

① 스키를 타고 싶은데요.

② 레슨을 받고 싶은데요.

③ 스키 용품은 어디서 빌릴 수 있습니까?

④ 2벌 빌리고 싶습니다.

⑤ 짐 보관소는 어디에 있습니까?

⑥ 회수권은 얼마입니까?

⑦ 초보자용 사면은 어디입니까?

필수 단어

초급자	**初級者**	쇼뀨-샤
중급자	**中級者**	츄-뀨-샤
상급자	**上級者**	죠-뀨-샤
스키장	**スキー場**	스끼-죠-
스키	**スキー**	스끼-
스틱	**ストック**	스톡꾸
레슨 요금	**レッスン料金**	렛슨료-낑
1일권	**一日券**	이찌니찌껭

필수 표현

① **スキーをしたいのですが。**
스끼-오 시따이노데스가.

② **レッスンを受けたいのですが。**
렛슨오 우께따이노데스가.

③ **スキー用具はどこで借りることができますか。**
스끼-요-구와 도꼬데 가리루고또가 데끼마스까?

④ **2組借りたいのです。**
후따구미 가리따이노데스.

⑤ **荷物預かりはどこですか。**
니모쯔아즈까리와 도꼬데스까?

⑥ **回数券はいくらですか。**
카이스-껭와 이꾸라데스까?

⑦ **初心者向きの斜面はどこですか。**
쇼신샤무끼노 샤멩와 도꼬데스까?

관광·스포츠

일본의 주요 관광지

도쿄(東京) : 일본의 수도이며 세계적인 대도시의 하나로 정치, 경제, 행정, 교육, 문화, 교통 및 세계 경제의 중심지로서 일본의 과거와 현대가 함께 숨쉬는 곳이다. 전자상가와 젊은이의 거리로 유명한 신주쿠(新宿), 미래형 도시인 이케부쿠로(池袋), 젊음을 대표하는 시부야(渋谷)및 하라주쿠(原宿), 국립박물관과 민속박물관이 있는 우에노(上野), 일본다운 정서와 분위기를 진하게 느낄 수 있는 아사쿠사(浅草), 전기, 전자제품의 할인 상가로 구성된 아키하바라(秋葉原), 전통 있는 고서점과 학생가로 유명한 간다(神田), 일류 호텔, 대사관이 많은 아카사카(赤坂)와 롯폰기(六本木), 그리고 도쿄 디즈니랜드가 있다.

요코하마(横浜) : 미래의 항구도시 건설과 함께 새롭게 발돋움하는 도시로 바다 주변의 공원들과 주카가이(中華街) 등, 이국적인 정서가 많이 남아 있는 곳이다. 대표적인 명소는 베이브리지, 니혼마루(日本丸) 메모리얼 파크, 미나토미라이 등이 있다.

오사카(大阪) : 일본 제2의 도시이며 오래 전부터 긴키(近畿) 지방의 중심지이며, 상업의 도시로 알려져 왔다. 오사카에는 나라(奈良)나 교토(京都) 등에 비해서 문화 유적이 많지 않은 편이다. 간사이 국제공항의 오픈과 함께 새롭게 발돋움하고 있으며 유명 명소는 기타구(北区), 도톤보리(道頓堀), 덴노지(天王寺) 등이 있다.

나가사키(長崎) : 규슈(九州)의 서북부에 위치하고 있으며, 해외 문화가 유입되는 창구였기 때문에 이국의 정취가 강하게 남아 있는 곳이다. 히로시마에 이어 원자 폭탄이 투하된 도시의 이미지를 벗고, 현재는 아름다운 자연속에서 빛나는 운젠(雲仙), 시마바라(島原) 외에도 새로운 명소 하우스텐보스 (Huis Tenbosch)가 사람들의 발길을 이끄는 곳이기도 하다.

삿포로(札幌) : 일본의 5대 도시 중 하나이며, 홋카이도(北海道)의 행정, 경제, 문화의 중심도시이다. 시내는 바둑판 모양으로 반듯하게 구획되어져 있으며, 남북은 오도리 코엔(大通公園)을 경계로 동서는 소세이가와(創成川)를 경계로 한눈에 펼쳐진다.

148

교 통

길을 물을 때 (1)
길을 물을 때 (2)
길을 헤맬 때
길을 물어왔을 때
택시를 탈 때
시내버스를 탈 때
지하철·전철을 탈 때
관광버스를 탈 때
열차를 탈 때
열차를 탔을 때
렌터카를 빌릴 때

길을 물을 때 (1)

낯선 곳에서 관광을 나갈 때는 호텔의 전화번호나 소재지를 지도에 표시해 두는 게 제일 안전하며, 만약 길을 잃었을 경우에는 택시를 타는 게 좋다.

● 어디에서 돌면 됩니까?
どこで曲がればいいんですか。
도꼬데 마가레바 이인데스까?

● 저기에서 오른쪽으로 도세요.
あそこで右へ曲がりなさい。
아소꼬데 미기에 마가리나사이.

---

① 여보세요!

② (지도를 펼치고) 여기는 어디입니까?

③ 백화점은 어디에 있습니까?

④ 곧장 가세요.

⑤ 두 번째 모퉁이에서 오른쪽으로 도세요.

⑥ 오른쪽에 있습니다.

⑦ 걸어서 몇 분 걸립니까?

필수 단어

이 거리에	**この通りに**	고노 도-리니
이쪽	**こちら側**	고찌라가와
반대쪽	**反対側**	반따이가와
모퉁이에	**角に**	가도니
~의 옆	**~のとなり**	~노 도나리
~의 앞	**~の前**	~노 마에
대로	**大通り**	오-도-리
신호	**信号**	싱고-

필수 표현

① **すみません！**
스미마셍!

② **ここはどこですか。**
고꼬와 도꼬데스까?

③ **デパートはどこにありますか。**
데-빠또와 도꼬니 아리마스까?

④ **まっすぐ行きなさい。**
맛스구 이끼나사이.

⑤ **2つ目の角を右に曲がりなさい。**
후따쯔메노 가도오 미기니 마가리나사이.

⑥ **右側にあります。**
미기가와니 아리마스.

⑦ **歩いて何分かかりますか。**
아루이떼 남뿡 가까리마스까?

길을 물을 때 (2)

일본에서는 주소만 알면 찾고자 하는 건물을 쉽게 발견할 수가 있다. 길이나 지명이 알기 쉽게 표시되어 있으므로 지도를 준비하는 걸 잊지 않도록 하자.

● 이세탄 백화점은 어디에 있습니까?
 伊勢丹デパートはどこにありますか。
 이세딴 데빠-또와 도꼬니 아리마스까?

● 곧장 가면 오른쪽에 있습니다.
 まっすぐ行くと、右側にあります。
 맛스구 이꾸또 미기가와니 아리마스.

---

① 박물관에 가려면 어떻게 하면 좋을까요?

② 역까지 가는 길을 가르쳐 주세요.

③ 여기에서 가깝습니까?

④ 거기까지 걸어서 갈 수 있습니까?

⑤ 거기까지 어느 정도 시간이 걸립니까?

⑥ 이 주위에 지하철역은 있습니까?

⑦ 지도에 표시를 해 주세요.

필수 단어

박물관	**博物館**	하꾸부쯔깡
미술관	**美術館**	비쥬쓰깡
지하철역	**地下鉄駅**	치까떼쯔에끼
철도역	**鉄道駅**	테쓰도-에끼
번화가	**下町**	시따마찌
공중전화	**公衆電話**	코-슈-뎅와
상가	**商店街**	쇼-뗑가이
성	**城**	시로

필수 표현

① **博物館へ行くにはどうしたらいいでしょうか。**
하꾸부쯔깡에 이꾸니와 도-시따라 이-데쇼-까?

② **駅までの道を教えてください。**
에끼마데노 미찌오 오시에떼 구다사이.

③ **ここから近いのですか。**
고꼬까라 치까이노데스까?

④ **そこまで歩いて行けますか。**
소꼬마데 아루이떼 이께마스까?

⑤ **そこまでどのくらい時間がかかりますか。**
소꼬마데 도노쿠라이 지깡가 가까리마스까?

⑥ **この辺りに地下鉄の駅はありますか。**
고노 아따리니 치까떼쯔노 에끼와 아리마스까?

⑦ **地図に印を付けてください。**
치즈니 시루시오 쓰께떼 구다사이.

교통

길을 헤맬 때

길을 물으면 거의 친절하게 가르쳐 주지만, 간혹 치근덕거리며 따라오는 사람이 있으므로 경계하는 게 좋다.

◐ 저는 이 지도의 어디에 있습니까?
私はこの地図のどこにいるんですか。
와따시와 고노 치즈노 도꼬니 이룬데스까?

◑ 에, 아, 여기입니다.
えーと、あー、ここですよ。
에-또, 아-, 고꼬데스요.

---

① 여보세요! 이건 무슨 길입니까?

---

② 어디에 갑니까?

---

③ 신주쿠에 가는 길입니다.

---

④ 중앙역은 어느 방향입니까?

---

⑤ 이 길은 다릅니까?

---

⑥ 이 지도의 어디에 있습니까?

---

⑦ 친절에 감사드립니다.

필수 단어

강	川	가와
다리	橋	하시
인도	歩道	호도-
구둣가게	くつ屋	구쯔야
약국	薬局	약꾜꾸
꽃집	花屋	하나야
담뱃가게	たばこ屋	다바꼬야
방향	方向	호-꼬-

필수 표현

① すみません！これは何という通りですか。
스미마셍! 고레와 난또유- 도-리데스까?

② どこに行くのですか。
도꼬니 이꾸노데스까?

③ 新宿に行くところなのです。
신쥬꾸니 이꾸 도꼬로나노데스.

④ 中央駅はどちらの方向ですか。
쥬-오-에끼와 도찌라노 호-꼬-데스까?

⑤ この道は違うのですか。
고노 미찌와 치가우노데스까?

⑥ この地図のどこにいるのですか。
고노 치즈노 도꼬니 이루노데스까?

⑦ ご親切にありがとうございました。
고신세쯔니 아리가또-고자이마시따.

교통

길을 물어왔을 때

일본인은 우리와 같은 동양인으로 얼굴이 비슷하여 간혹 일본인으로 알고 여행자에게 길을 묻는 경우도 없지 않다.

◐ 박물관은 어디에 있습니까?
博物館はどこですか。
하꾸부쯔깡와 도꼬데스까?

◐ 저도 모릅니다.
私も知らないんです。
와따시모 시라나인데스.

---

① 미안합니다. 잘 모르겠습니다.

② 저는 여행자입니다.

③ 저도 잘 모르겠습니다.

④ 다른 사람에게 물으세요.

⑤ 저기에 있는 순경에게 물으면 어떨까요?

⑥ 지도를 가지고 있습니까?

⑦ 당신은 마침 여기에 있습니다.

필수 단어

광장	**広場**	히로바
분수	**噴水**	훈스이
교차로	**交差点**	코-사땡
가로수길	**並木道**	나미끼미찌
횡단보도	**横断歩道**	오-당호도-
사원	**寺院**	지잉
은행	**銀行**	깅꼬-
버스 정류소	**バス停**	바스떼-

필수 표현

① **すみません。よくわかりません。**
스미마셍. 요꾸 와까리마셍.

② **私は旅行者なのです。**
와따시와 료-꼬-샤나노데스.

③ **私もよくわかりません。**
와따시모 요꾸 와까리마셍.

④ **だれかほかの人に聞いてください。**
다레까 호까노 히또니 기이떼 구다사이.

⑤ **あそこにいるお巡りさんに聞いたらどうですか。**
아소꼬니 이루 오마와리산니 기이따라 도-데스까?

⑥ **地図を持っていますか。**
치즈오 못떼이마스까?

⑦ **あなたはちょうどここにいるのです。**
아나따와 쵸-도 고꼬니 이루노데스.

택시를 탈 때

일본의 택시는 아주 친절하며 문은 자동으로 개폐가 된다. 말이 통하지 않을 때는 가고자 하는 곳의 주소를 택시기사에게 보여주면 된다.

● 이 주소로 가 주세요.
この住所までお願いします。
고노 쥬-쇼마데 오네가이시마스.

● 네, 알겠습니다.
はい、わかりました。
하이, 와까리마시따.

---

① 택시 승강장은 어디에 있습니까?

② 호텔로 가 주세요.

③ 여기서 세워 주세요.

④ 거스름돈은 됐습니다.

⑤ 공항까지 가 주세요.

⑥ (택시기사) 어느 항공사입니까?

⑦ 대한항공입니다.

필수 단어

요금	**料金**	료-낑
거스름돈	**おつり**	오쯔리
운전수	**運転手**	운뗀슈
좌석	**座席**	자세끼
정원	**定員**	테-잉
트렁크	**トランク**	토랑꾸
넣다	**入れる**	이레루
택시 승강장	**タクシー乗り場**	타꾸시-노리바

필수 표현

① **タクシー乗り場はどこですか。**
타꾸시-노리바와 도꼬데스까?

② **ホテルに行ってください。**
호떼루니 잇떼 구다사이.

③ **ここで止めてください。**
고꼬데 도메떼 구다사이.

④ **おつりはいりません。**
오쯔리와 이리마셍.

⑤ **空港まで行ってください。**
쿠-꼬-마데 잇떼 구다사이.

⑥ **どこの航空会社ですか。**
도꼬노 코-꾸-가이샤데스까?

⑦ **大韓航空です。**
다이깡코-꾸-데스

시내버스를 탈 때

일본의 대도시는 대부분 전철이나 지하철이 발달되어 있어 버스는 그다지 많지 않다. 요금은 구간별로 다르며 탈 때 표를 받아 내릴 때 요금을 정산한다.

● 버스 정류장은 어디에 있습니까?
バス停はどこですか。
바스떼-와 도꼬데스까?

● 저 은행 앞에 있습니다.
あの銀行の前にあります。
아노 깅꼬-노 마에니 아리마스.

---

① 우에노에 가는 버스 정류소는 어디에 있습니까?

---

② 어느 버스가 우에노 행입니까?

---

③ 다음 버스는 몇 시입니까?

---

④ (버스를 가리키며) 미술관에 갑니까?

---

⑤ 갈아타야 합니까?

---

⑥ 도착하면 가르쳐 주세요.

---

⑦ 여기서 내립니다.

필수 단어

시내버스	**市内バス**	시나이바스
균일요금	**均一料金**	킹이찌료-낑
환승권	**乗換券**	노리까에껭
노선	**路線**	로셍
노선도	**路線図**	로센즈
차장	**車掌**	샤쇼-
버스정류장	**バス停**	바스떼-
짐	**荷物**	니모쯔

필수 표현

① **上野に行くバス乗り場はどこですか。**
우에노니 이꾸 바스노리바와 도꼬데스까?

② **どのバスが上野行きですか。**
도노 바스가 우에노 유끼데스까?

③ **次のバスは何時ですか。**
쓰기노 바스와 난지데스까?

④ **美術館行きですか。**
비쥬쓰깡 유끼데스까?

⑤ **乗り換えなければなりませんか。**
노리까에나께레바 나리마셍까?

⑥ **着いたら教えてください。**
쓰이따라 오시에떼 구다사이.

⑦ **ここで降ります。**
고꼬데 오리마스.

지하철을 탈 때

전철이나 지하철은 대도시의 중요한 대중교통 수단으로 요금은 매표원에게 사지 않고 자동판매기에서 구입한다.

◐ 가장 가까이에 있는 지하철역은 어디에 있습니까?
いちばん近くにある地下鉄の駅はどこですか。
이찌방 치까꾸니아루 치까떼쯔노 에끼와 도꼬데스까?

◐ 저 빌딩 뒷편에 있습니다.
あのビルの裏側にあります。
아노 비루노 우라가와니 아리마스.

① 이 근처에 전철역은 없습니까?

② 표는 어디서 살 수 있습니까?

③ 신주쿠 역은 무슨 선입니까?

④ 어디서 갈아탑니까?

⑤ 이건 긴자 역으로 갑니까?

⑥ 긴자 역은 몇 번째입니까?

⑦ 다음은 어디입니까?

필수 단어

지하철	地下鉄	치까떼쯔
자동 매표기	切符自動販売機	깁뿌지도-함바이끼
급행	急行	큐-꼬-
보통	各駅	가꾸에끼
갈아타다	乗り換える	노리까에루
출구	出口	데구찌
입구	入口	이리구찌
요금	料金	료-낑

필수 표현

① この近くに電車の駅はありませんか。
고노 치까꾸니 덴샤노 에끼와 아리마셍까?

② 切符はどこで買えますか。
깁뿌와 도꼬데 가에마스까?

③ 新宿駅は何線ですか。
신쥬꾸에끼와 나니센데스까?

④ どこで乗り換えるのですか。
도꼬데 노리까에루노데스까?

⑤ これは銀座行きですか。
고레와 긴자유끼데스까?

⑥ 銀座駅はいくつ目ですか。
긴자에끼와 이꾸쯔메데스까?

⑦ 次はどこですか。
쓰기와 도꼬데스까?

교통

관광버스를 탈 때

여행사를 통해서 단체로 여행을 갈 때는 대부분 관광버스를 통해서 여행을 하게 된다. 개인적으로 갈 때는 여행사에 문의하면 된다.

◐ 도쿄를 구경하려면 뭐가 좋습니까?
東京を見物するには何がいいですか。
토-꾜-오 겜부쯔스루니와 나니가 이-데스까?

◑ 하토 버스가 있습니다.
はとバスがあります。
하또 바스가 아리마스.

---

① 닛코를 방문하는 투어는 있습니까?

② 그 투어는 얼마입니까?

③ 점심이 나옵니까?

④ 자유시간은 있습니까?

⑤ 몇 시에 돌아옵니까?

⑥ 투어는 몇 시에 어디에서 시작됩니까?

⑦ 호텔까지 맞이하러 옵니까?

필수 단어

관광버스	**観光バス**	캉꼬-바스
관광명소	**観光名所**	캉꼬-메-쇼
시내지도	**市内地図**	시나이치즈
무료	**無料**	무료-
팸플릿	**パンフレット**	팡후렛또
집합장소	**集合場所**	슈-고-바쇼
집합시간	**集合時間**	슈-고-지깡
투어	**ツアー**	쓰아-

필수 표현

① 日光を訪れるツアーはありますか。
닛꼬오 오또즈레루 쓰아-와 아리마스까?

② そのツアーはいくらですか。
소노 쓰아-와 이꾸라데스까?

③ 昼食つきですか。
쥬-쇼꾸쓰끼데스까?

④ 自由時間はありますか。
지유-지깡와 아리마스까?

⑤ 何時に戻ってくるのですか。
난지니 모돗떼구루노데스까?

⑥ ツアーは何時にどこから始まりますか。
쓰아-와 난지니 도꼬까라 하지마리마스까?

⑦ ホテルまで迎えにきてくれるのですか。
호떼루마데 무까에니기떼 구레루노데스까?

교통

열차를 탈 때

신칸센 등과 같은 장거리 열차와 기타 급행열차는 좌석을 미리 예약해야 하며 지정석은 추가요금을 지불해야 한다.

● 오사카 행 열차는 여기에 섭니까?
大阪行きの列車はここに停りますか。
오-사까유끼노 렛샤와 고꼬니 도마리마스.

● 아니오, 2번 홈에 섭니다.
いいえ、二番ホームに停ります。
이-에, 니방 호-무니 도마리마스.

---

① 매표소는 어디입니까?

② 오사카까지 편도를 주세요.

③ 9시 급행 표를 주세요.

④ 오사카 행 열차는 어디입니까?

⑤ 이건 오사카 행입니까?

⑥ (표를 보이며) 이 열차입니까?

⑦ 이 열차는 예정대로 출발합니까?

필수 단어

안내소	**案内所**	안나이쇼
매점	**売店**	바이땡
유실물취급소	**遺失物取扱所**	이시쯔부쯔도리아쯔까이쇼
왕복표	**往復切符**	오-후꾸깁뿌
편도표	**片道切符**	가따미찌깁뿌
환승권	**乗換券**	노리까에껭
주유권	**周遊券**	슈-유-껭
목적지	**目的地**	목떼끼찌

필수 표현

① 切符売り場はどこですか。
깁뿌우리바와 도꼬데스까?

② 大阪までの片道切符をください。
오-사까마데노 가따미찌깁뿌오 구다사이.

③ 9時の急行の切符をください。
쿠지노 큐-꼬-노 깁뿌오 구다사이.

④ 大阪行きの列車はどこですか。
오-사까유끼노 렛샤와 도꼬데스까?

⑤ これは大阪行きですか。
고레와 오-사까유끼데스까?

⑥ この列車でいいですか。
고노 렛샤데 이-데스까?

⑦ この列車は予定どおりですか。
고노 렛샤와 요떼-도-리데스까?

교통

열차를 탔을 때

열차로 일본 전국을 차분하게 여행하고 싶으면 한국철도와 연결되어 있는 JR 패스를 구입하여 여행하면 좋다.

◐ 담배를 피워도 되겠습니까?
 たばこを吸ってもいいですか。
 다바꼬오 숫떼모 이-데스까?

◐ 이 열차는 모두 금연석입니다.
 この列車はすべて禁煙席です。
 고노 렛샤와 스베떼 깅엔세끼데스.

---

① 거기는 제 자리입니다.

② 이 자리는 비어 있습니까?

③ 창문을 열어도 되겠습니까?

④ 식당차는 어디입니까?

⑤ 오사카까지 몇 시간입니까?

⑥ 담배를 피워도 되겠습니까?

⑦ 도와드릴까요?

필수 단어

식당차	**食堂車**	쇼꾸도-샤
침대차	**寝台車**	신다이샤
신칸센	**新幹線**	싱깐셍
환승역	**乗換駅**	노리까에에끼
게시판	**掲示板**	케-지방
도중하차	**途中下車**	도쥬-게샤
특실	**グリーン**	구리-ㄴ
특급창구	**みどりの窓口**	미도리노 마도구찌

필수 표현

① そこは私の席です。
소꼬와 와따시노 세끼데스.

② この席は空いていますか。
고노 세끼와 아이떼이마스까?

③ 窓を開けてもいいですか。
마도오 아께떼모 이-데스까?

④ 食堂車はどこですか。
쇼꾸도-샤와 도꼬데스까?

⑤ 大阪まで何時間ですか。
오-사까마데 난지깐데스까?

⑥ たばこを吸ってもいいですか。
다바꼬오 슷떼모 이-데스까?

⑦ お手伝いしましょうか。
오테쓰다이시마쇼-까?

교통

렌터카를 빌릴 때

일본은 우리와는 반대로 모든 교통편이 좌측통행을 하게 되어 있다. 그래서 처음 일본에서 차를 운전하게 되면 헤매는 경우가 많다.

● 3일간 차를 렌트하고 싶은데요.
三日間、レンタカーを借りたいのですが。
믹까깡, 렌따까-오 가리따이노데스가.

● 어떤 타입이 좋겠습니까?
どのようなタイプがよろしいですか。
도노요-나 타이뿌가 요로시-데스까?

① (공항에서) 렌터카 카운터는 어디입니까?

② (확인서를 제출하며) 예약했습니다.

③ 이게 제 국제면허증입니다.

④ 오사카에서 차를 놔두고 싶은데요.

⑤ 소형차를 1주일간 빌리고 싶은데요.

⑥ 보증금은 얼마입니까?

⑦ 종합보험을 들어 주세요.

필수 단어

소형차	**小型車**	고가따샤
대형차	**大型車**	오-가따샤
오픈카	**オープンカー**	오-뿡까-
오토매틱 차	**オートマチック車**	오-또마칙꾸샤
에어컨	**エアコン**	에아꽁
운전면허증	**運転免許証**	운뗌멩꼬쇼-
국제	**国際**	고꾸사이
사인	**サイン**	사잉

필수 표현

① レンタカーのカウンターはどこですか。
렌따까-노 카운따-와 도꼬데스까?

② 予約してあります。
요야꾸시떼아리마스.

③ これが私の国際運転免許証です。
고레가 와따시노 고꾸사이운뗌멩꼬쇼-데스.

④ 大阪で乗り捨てたいのですが。
오-사까데 노리스떼따이노데스가.

⑤ 小型車を1週間借りたいのですが。
고가따샤오 잇슈-깡 가리따이노데스가.

⑥ 保証金はいくらですか。
호쇼-낑와 이꾸라데스까?

⑦ 総合保険をかけてください。
소-고-호껭오 가께떼 구다사이.

교통

일본의 교통

▶ 지하철·전철 : 일본의 대도시에서 지하철·전철은 경제적이고 안전한 교통수단이며, 요금은 거리에 따라 달라지지만 기본요금은 120엔이다. 표는 개찰구 가까이에 있는 자동판매기에서 100엔, 500엔, 1000엔이나 카드를 넣고 요금을 확인한 후 필요한 매수를 누르고 버튼을 누르면 된다. 우리처럼 구입한 표는 자동 개찰기를 통과하게 되고 내릴 때 회수되므로 잘 간직해야 하며, 러시아워인 오전 7:00~9:00와 오후 5:00~7:00는 피하는 것이 좋다. 또한 금액이 틀려서 개찰기 통과가 안 되면 출구에 있는 요금정산기를 이용한다.

▶ 철 도 : 일본의 JR(Japan Railways)은 전국적인 철도망을 갖고 있을 뿐만 아니라, 사철도 도시와 도시를 연결하는 광범위한 철도망을 갖추고 있다. 장거리 열차와 기타 급행열차는 항상 좌석을 미리 예약해야 하며 지정석은 추가 요금을 지불해야 한다. 신칸센과 지정좌석권은 각 역의 미도리노 마도구찌에서 취급하며 표에는 이등석과 일등석의 두 종류가 있다.

▶ 버 스 : 대부분의 대도시에서 많은 버스 노선이 있지만 시내를 여행하는데 있어서는 지하철이 더 편리한 편이다. 시내요금은 거리에 따라 달라지나 기본요금이 160엔이며 버스를 탈 때 표를 받았다가 내릴 때 운전석 요금함에 돈과 표를 같이 내야 한다. 버스정류장에 정차할 때는 표지판에 정확하게 정차하고 승객이 안전히 내릴 때까지 조용히 기다린다. 시내 관광버스를 이용한다면 매일 운행하고 있는 시내정기관광을 이용하는 것이 좋다. 관광버스를 탈 경우에는 호텔 프런트나 관광안내소에서 안내를 받으며 일본교통공사가 운영하는 하토버스, 단체일 경우에는 한국어 안내원이 동승하는 그레이라인을 이용해 볼 만하다.

▶ 택 시 : 시내 교통편으로는 택시가 매우 편리하다. 택시를 잡으려면 택시를 바라보아 전면 유리창 우측 하단의 붉은빛 라이트를 찾는다. 승차시에는 좌측 뒷문을 이용하며, 이 문은 기사에 의해 자동으로 여닫는다. 남의 집이나 회사를 방문할 때는 주소만으로 찾기 어려우므로 대도시에서는 자세한 지도를 가지고 간다.

트러블

의사를 부를 때
증상을 설명할 때 (1)
증상을 설명할 때 (2)
보험과 약
도난 · 트러블

의사를 부를 때

외출 중에 갑자기 복통을 일으키거나 몸이 몹시 안 좋을 때는 망설이지 말고 주위 사람에게 부탁하여 구급차를 부른다.

◐ 여보세요! 구급차를 불러 주세요.
 すみません! 救急車を呼んでください。
 스미마셍! 큐-큐-샤오 욘데 구다사이.

◐ 잠깐 기다리세요. 곧 부를 테니까.
 ちょっと待ってよ。すぐ呼びますから。
 촛또 맛떼요. 스구 요비마스까라.

① 의사를 불러 주세요.

② 여기는 1106호실입니다.

③ 당신이 아픕니까?

④ 오는 데 얼마나 걸립니까?

⑤ 서둘러 주세요.

⑥ 병원에 데리고 가 주세요.

⑦ 구급차를 불러 주세요.

필수 단어

의사	医者	이샤
병	病気	뵤-끼
부상	怪我	게가
증상	症状	쇼-죠-
내과의	内科医	나이까이
외과의	外科医	게까이
치과의	歯科医	시까이
안과의	眼科医	강까이

필수 표현

① **医者を呼んでください。**
이샤오 욘데 구다사이.

② **こちらは1106号室です。**
고찌라와 셍하꾸로꾸고-시쯔데스.

③ **あなたが痛いのですか。**
아나따가 이따이노데스까?

④ **どのくらいで来てくれるのですか。**
도노쿠라이데 기떼구레루노데스까?

⑤ **急いでくれませんか。**
이소이데 구레마셍까?

⑥ **病院に連れて行ってください。**
뵤-인니 쓰레떼 잇떼 구다사이.

⑦ **救急車を呼んでください。**
큐-뀨-샤오 욘데 구다사이.

트러블

증상을 설명할 때 (1)

여행 중에 걸리기 쉬운 병으로는 설사, 감기가 있다. 이런 약은 미리 준비하여
여행하는 것이 바람직하며, 늘 먹는 약은 한국에서 가지고 가는 게 좋다.

◐ 어디가 아픕니까?
  どうしましたか。
  도-시마시따까?

◐ 어젯밤부터 설사가 있고 지금은 열도 있습니다.
  昨夜から下痢ぎみで、今は熱もあるんです。
  사꾸야까라 게리기미데, 이마와 네쯔모 아룬데스.

① (의사) 일본어는 할 줄 압니까?

② 조금 합니다.

③ (의사) 어디가 아프세요?

④ 감기에 걸렸습니다.

⑤ 설사가 심합니다.

⑥ 열이 있습니다.

⑦ 이건 한국 의사가 쓴 것입니다.

필수 단어

혈액형	**血液型**	케쯔에끼가따
진찰하다	**診察する**	신사쯔스루
한기	**寒気**	사무께
현기증	**めまい**	메마이
온몸	**全身**	젠싱
출혈	**出血**	슈께쯔
가렵다	**かゆい**	가유이
통증	**痛み**	이따미

필수 표현

① 日本語を話せますか。
니홍고오 하나세마스까?

② 少し話せます。
스꼬시 하나세마스.

③ どうしたのですか。
도-시따노데스까?

④ 風邪を引きました。
가제오 히끼마시따.

⑤ 下痢がひどいのです。
게리가 히도이노데스.

⑥ 熱があるのです。
네쯔가 아루노데스.

⑦ これは韓国の医者の書いたものです。
고레와 캉꼬꾸노 이샤노 가이따 모노데스.

트러블

증상을 설명할 때 (2)

증상을 설명할 때 중요한 것은 「언제부터, 어디가, 어떻게 되었는지」를 가능한 자세히 설명할 필요가 있다. 다쳤을 때는 어떻게 그렇게 되었는지를 설명한다.

◐ 언제부터 열이 있습니까?
いつから熱がありますか。
이쯔까라 네쯔가 아리마스까?

◐ 어젯밤부터 열이 있습니다.
昨夜から熱があります。
사꾸야까라 네쯔가 아리마스.

① 여기가 아픕니다.

② 식욕이 없습니다.

③ 잠이 오지않습니다.

④ 토할 것 같습니다.

⑤ 변비가 있습니다.

⑥ 기침이 나옵니다.

⑦ 어제부터입니다.

178

필수 단어

알레르기	**アレルギー**	아레루기-
식중독	**食中毒**	쇼꾸츄-도꾸
과음	**飲みすぎ**	노미스기
과식	**食べすぎ**	다베스기
소화불량	**消化不良**	쇼-까후료-
신경통	**神経痛**	싱께-쓰-
두드러기	**じんましん**	짐마싱
폐렴	**肺炎**	하이엥

필수 표현

① **ここが痛いのです。**
고꼬가 이따이노데스.

② **食欲がないのです。**
쇼꾸요꾸가 나이노데스.

③ **眠れないのです。**
네무레나이노데스.

④ **吐き気がします。**
하끼께가 시마스.

⑤ **便秘をしています。**
벰삐오 시떼이마스.

⑥ **せきが出ます。**
세끼가 데마스.

⑦ **きのうからなんです。**
기노-까라난데스.

트러블

보험과 약

보험을 받기 위해서는 진단서, 치료비 영수증과 명세서가 필요하며, 약은 병원에서 받은 처방전을 가지고 근처의 약국에서 사면 된다.

● 여독에 잘 듣는 약은 있습니까?
旅行疲れによく効く薬はありますか。
료꼬-즈까레니 요꾸 기꾸 구스리와 아리마스까?

● 이게 여독에 매우 잘 듣습니다.
これが旅行疲れにひじょうによく効きます。
고레가 료꼬-즈까레니 히죠-니 요꾸 기끼마스.

---

① 상당히 좋아졌습니다.

② 진단서를 써 주세요.

③ (보험용지를 내밀며) 이 용지에 기입해 주세요.

④ 예정대로 여행해도 상관없습니까?

⑤ (약국에서) 이 처방전의 약을 주세요.

⑥ 이 약은 어떻게 먹습니까?

⑦ 매 식후에 먹으세요.

필수 단어

보험증	**保険証**	호껜쇼-
진단서	**診断書**	신단쇼
용지	**用紙**	요-시
처방전	**処方せん**	쇼호-셍
약국	**薬局**	약꾜꾸
약	**薬**	구스리
매식전	**毎食前**	마이쇼꾸젱
매식후	**毎食後**	마이쇼꾸고

필수 표현

① **だいぶよくなりました。**
다이부 요꾸나리마시따.

② **診断書を書いてください。**
신단쇼오 가이떼 구다사이.

③ **この用紙に記入してください。**
고노 요-시니 기뉴-시떼 구다사이.

④ **予定どおりに旅行してもかまわないですか。**
요떼-도-리니 료꼬-시떼모 가마와나이데스까?

⑤ **この処方せんの薬をください。**
고노 쇼호-센노 구스리오 구다사이.

⑥ **この薬はどうやって飲むのですか。**
고노 구스리와 도-얏떼 노무노데스까?

⑦ **毎食後に飲んでください。**
마이쇼꾸고니 논데 구다사이.

트러블

도난・트러블

피해를 당하지 않으려면 처음 만난 사람을 믿어서는 안 되며, 사람들 앞에서 큰 돈을 꺼내거나 해서 틈을 보여서는 안 된다.

◐ 어떻게 된 겁니까?
どうしたのですか。
도-시따노데스까?

◑ 지갑을 도둑맞았는데요.
財布を盗まれたのですが。
사이후오 누스마레따노데스가.

① 도와줘요!

② 소매치기야!

③ 저놈을 잡아 주세요!

④ (주위 사람에게) 경찰을 불러 주세요.

⑤ (치근거린 상대에게) 경찰을 부르겠다!

⑥ 여기서 빨간 가방을 보지 못했습니까?

⑦ (전화번호를 보이며) 한국대사관에 전화해 주세요.

필수 단어

사기	詐欺	사기
소매치기	ひったくり	힛따꾸리
치기배	置き引き	오끼히끼
도난	盗難	토-낭
분실	紛失	훈시쯔
경찰차	パトカー	파또까-
범인	犯人	반닝
체포하다	逮捕する	타이호스루

필수 표현

① 助けて！
다스께떼!

② すりだ！
스리다!

③ あいつをつかまえてください！
아이쯔오 쯔까마에떼 구다사이!

④ 警察を呼んでください。
케-사쯔오 욘데 구다사이.

⑤ 警察を呼ぶぞ！
케-사쯔오 요부조!

⑥ ここで赤いバッグを見ませんでしたか。
고꼬데 아까이 박구오 미마셍데시따까?

⑦ 韓国大使館に電話してください。
캉꼬꾸타이시깐니 뎅와시떼 구다사이.

트러블

일본의 축제 (2)

▶ **오 봉** : 불교의 전설에 의하면 석가의 제자 한 사람이 죽은 어머니가 지옥에 떨어져 괴로워하고 있는 것을 구하기 위해 공양을 한 것에서 유래한다. 8월 13일부터 15일 사이에 각 가정에서는 불단에 제물을 바치고 조상의 영을 위로한다. 오봉 날 밤에는 각지에서 근처 사람들이 모여 피리나 북에 맞추어 윤무를 즐기고 폭죽도 쏘아 올려 여름의 풍물시를 펼친다. 이 기간에 도시에 사는 사람들도 일제히 고향으로 돌아오기 때문에 도시는 교통체증도 없고 평온을 되찾는다.

▶ **시치고상** : 시치고상은 달력 나이로 3세와 5세의 남자 아이, 3세와 7세의 여자 아이에게 나들이옷을 입혀서 신사에 참배하는 축하일로 11월 15일에 행해진다. 에도시대의 무가사회의 관습이 일반화된 것으로 당시 무가의 자녀는 3세에 남녀 모두 처음으로 머리를 늘어뜨리는「카미오케의 의식」을 행하고, 그 후 남아는 5세가 되면 처음으로 하카마를 입는「하카마의 의식」을 행하고, 여아는 7세가 되면 처음으로 히모(끈)를 풀고 정식으로 오비(띠)를 하는「띠풀기 의식」을 행하였다.

▶ **오마츠리(축제)** : 1년 내내 전국 어딘가에서 축제가 행해지고 있을 정도로 일본인은 축제를 좋아하는데, 특히 봄은 풍작을 기원하고, 가을은 수확을 즐거워하는 등 농업국이었던 옛날의 잔재가 마츠리로 전승되고 있다. 그러나 시대와 함께 마츠리의 전후 사정이 변해서 지금은 마츠리에 참가하는 사람도 구경하는 사람도 일종의 레크레이션으로서 취급하고 있고 관광화되고 있다. 마츠리에서는 신체를 안치한 가마를 많은 사람들이 메고 발을 맞추어 걷고 흔들면서 위세를 더한다. 바야흐로 도시에서도 동 단위로 가마를 메고 발을 맞추어 걷는 등, 축제가 되면 온 일본이 축제로 들뜬다.

▶ **섣달그믐** : 12월 31일의 별칭인데, 1년의 마지막 날로서 여러 가지 뜻이 있다. 이제까지 1년간의 대차 관계는 이날에 청산하는 습관이 있고, 특히 상인들에게 있어서는 해를 넘길 수 있을지 어떨지는 분명히 이 날의 수금 여하에 달려 있다. 또 1년의 최대 이벤트인 설날을 맞을 준비를 하는 최종일에 해당되므로 여러 가지로 바쁘다. 집의 대청소를 끝내고, 설날의 장식물인 시메나와나 소나무 장식을 하며, 집에 따라서는 카도마츠도 세운다. 섣달그믐날 밤은 심야까지 자지 않고 가까운 사원에서 울리는 제야의 종소리를 들으면서 무사히 1년을 보낸 것을 가족전원이 서로 기뻐하고 송구영신의 메밀국수를 먹는 것이 일반적이다. 이것이 끝나면 가까운 신사나 사원에 첫참배를 하는 사람도 있다.

귀국

항공권예약 재확인
항공편 변경
공항까지
물건을 놓고 왔을 때
탑승 수속
공항 면세점에서
귀국 비행기 안에서

항공권예약 재확인

여행을 마치고 귀국을 위한 준비는 신변용품 정리와 호텔 이용에 따른 각종 요금계산, 공항까지의 교통편 예약, 항공권예약 재확인 등이다.

● 예약 재확인을 부탁하고 싶은데요.
予約の再確認をお願いしたいんですが。
요야꾸노 사이카꾸닝오 오네가이시따인데스가.

● 항공권을 가지고 계십니까?
航空券をお持ちですか。
코-꾸-껭오 오모찌데스까?

① 예약은 어디서 합니까?

② 가능한 빠른 편이 좋겠군요.

③ 예약 재확인을 하고 싶은데요.

④ 몇 시에 출발하는지 확인하고 싶은데요.

⑤ 해약 대기는 몇 명 정도입니까?

⑥ 금연석으로 변경할 수 있습니까?

⑦ 2등석을 부탁합니다.

필수 단어

예약	**予約**	요야꾸
재확인	**再確認**	사이카꾸닝
금연석	**禁煙席**	킹엔세끼
흡연석	**喫煙席**	기쯔엔세끼
변경	**変更**	헹꼬-
해약 대기	**キャンセル待ち**	캰세루마찌
1등석	**ファーストクラス**	화-스또쿠라스
2등석	**エコノミークラス**	에코노미쿠라스

필수 표현

① 予約はどこでできますか。
요야꾸와 도꼬데 데끼마스까?

② できるだけ早い便の方がいいですね。
데끼루다께 하야이빈노 호-가 이-데스네.

③ 予約の再確認をしたいんですが。
요야꾸노 사이카꾸닝오 시따인데스가.

④ 何時に出発するか確かめたいんですが。
난지니 슛빠쯔스루까 타시까메따인데스가.

⑤ キャンセル待ちは何人ぐらいですか。
캰세루마찌와 난닝구라이데스까?

⑥ 禁煙席に変更できますか。
킹엔세끼니 헹꼬-데끼마스까?

⑦ エコノミークラスをお願いします。
에코노미-쿠라스오 오네가이시마스.

귀국

항공편 변경

국제선 항공기의 경우에는 늦어도 탑승일 3일전에 재확인를 하되 언제 누구에게 했느냐를 정확히 하여 착오가 없도록 한다.

◐ 비행을 변경하고 싶은데요.
フライトの変更をしたいのですが。
후라이또노 헹꼬오 시따이노데스가.

◐ 항공편 넘버와 출발일을 말씀해 주세요.
フライトナンバーとご出発日をお願いします。
후라이또남바-또 고슛빠쯔비오 오네가이시마스.

---

① 죄송합니다만, 비행편을 변경하고 싶은데요.

② 15일의 같은 편으로 해 주세요.

③ 650편 예약을 변경하고 싶습니다.

④ 오후 비행기로 변경하고 싶습니다.

⑤ 아쉽게도 그 편은 다 찼습니다.

⑥ 해약 대기로 해 주세요.

⑦ 예약을 취소하고 싶은데요.

필수 단어

출발일	出発日	슈빠쯔비
만석	満席	만세끼
해약	キャンセル	칸세루
비행편 변경	フライトの変更	후라이또노 헹꼬-
항공사	航空会社	코-꾸-가이샤
카운터	カウンター	카운따-
여행사	旅行社	료꼬-샤
항공권	航空券	코-꾸-껭

필수 표현

① おそれいりますが、フライトの変更をしたいのですが。
오소레이리마스가, 후라이또노 헹꼬-오 시따이노데스가.

② 15日の同じ便にしてください。
쥬-고니찌노 오나지빈니 시떼 구다사이.

③ 650便の予約を変更したいんです。
롭빠꾸고쥬-빈노 요야꾸오 헹꼬-시따인데스.

④ 午後の便に変更したいのですが。
고고노 빈니 헹꼬-시따이노데스가.

⑤ あいにくですが、その便は満席です。
아이니꾸데스가, 소노 빙와 만세끼데스.

⑥ キャンセル待ちにしてください。
칸세루마찌니 시떼 구다사이.

⑦ 予約のキャンセルをしたいんですが。
요야꾸노 칸세루오 시따인데스가.

귀국

공항까지

도쿄에서 나리타 공항까지는 리무진버스보다 京成(카-세-)스카이라이너나 JR익스프레스를 이용하는 게 빠르고 안전하다.

◐ 공항까지 부탁합니다.
空港までお願いします。
쿠-꼬-마데 오네가이시마스.

◐ 어느 공항입니까?
どこの空港ですか。
도꼬노 쿠-꼬-데스까?

---

① (택시기사에게) 나리타 공항까지 부탁합니다.

② 짐은 몇 개입니까?

③ 큰 것은 트렁크에 넣어 주세요.

④ 공항까지 어느 정도 시간이 걸립니까?

⑤ 공항까지 대충 얼마입니까?

⑥ 빨리 가 주세요. 늦었습니다.

⑦ 어느 항공사입니까?

필수 단어

택시	**タクシー**	타꾸시-
리무진	**リムジン**	리무징
전철	**電車**	덴샤
짐	**荷物**	니모쯔
트렁크	**トランク**	토랑꾸
공항	**空港**	쿠-꼬-
늦다	**遅れる**	오꾸레루
서둘다	**急ぐ**	이소구

필수 표현

① 成田空港までお願いします。
나리따쿠-꼬-마데 오네가이시마스.

② 荷物は何個ですか。
니모쯔와 낭꼬데스까?

③ 大きいほうはトランクに入れてください。
오-끼- 호-와 토랑꾸니 이레떼 구다사이.

④ 空港までどのくらい時間がかかりますか。
쿠-꼬-마데 도노쿠라이 지깡가 가까리마스까?

⑤ 空港までおよそいくらですか。
쿠-꼬-마데 오요소 이꾸라데스까?

⑥ 急いでください。遅れてるんです。
이소이데 구다사이. 오꾸레떼룬데스.

⑦ どこの航空会社ですか。
도꼬노 코-꾸-가이샤데스까?

귀국

물건을 놓고 왔을 때

만약 물건을 놓고 공항으로 갔을 때는 당황하지 말고 호텔로 전화를 하여 물건이 거기에 있는지 확인한 다음 탑승시간에 맞춰야 한다.

❶ 호텔로 돌아가 주지 않을래요? 수첩을 놓고 왔습니다.
ホテルに戻ってくれませんか。手帳を忘れました。
호때루니 모돗떼 구레마셍까? 데쬬-오 와스레마시따.

❶ 그거 안됐군요, 어디에 두었는지 기억합니까?
それはいけませんね。どこに置いたか覚えていますか。
소레와 이께마센네. 도꼬니 오이따까 오보에떼이마스까?

---

① 기사님, 호텔로 돌아가 주지 않겠어요?

② 카메라를 가지러 호텔로 돌아가고 싶습니다.

③ 카메라를 호텔에 놓고 왔습니다.

④ 중요한 것을 놓고 왔습니다.

⑤ 호텔로 전화해서 카메라가 있는지 확인해야 합니다.

⑥ 어디에 두었는지 기억합니까?

⑦ 서랍에 넣어 두었습니다만.

필수 단어

운전수	**運転手**	운뗀슈
호텔	**ホテル**	호떼루
프런트	**フロント**	후론또
서랍	**引き出し**	히끼다시
방	**部屋**	헤야
잊다	**忘れる**	와스레루
전화	**電話**	뎅와
수첩	**手帳**	데쬬ー

필수 표현

① **運転手さん、ホテルへ戻ってくれませんか。**
온뗀슈상, 호떼루에 모돗떼 구레마셍까?

② **カメラを取りにホテルに戻りたいのです。**
카메라오 도리니 호떼루니 모도리따이노데스.

③ **カメラをホテルに忘れました。**
카메라오 호떼루니 와스레마시따.

④ **大事な物を置き忘れました。**
다이지나 모노오 오끼와스레마시따.

⑤ **ホテルへ電話して、カメラがあるか確かめなくてはなりません。**
호떼루에 뎅와시떼, 카메라가 아루까 타시까메나꾸떼와 나리마셍.

⑥ **どこに置いたか覚えていますか。**
도꼬니 오이따까 오보에떼이마스까?

⑦ **引き出しに入れておいたのです。**
히끼다시니 이레떼오이따노데스.

귀국

탑승 수속

공항에 도착하면 항공사 카운터에 가서 항공권을 제시하고 짐을 맡긴 뒤 출국검사를 거쳐 지정된 탑승구에서 대기한 후 항공기에 탑승하게 된다.

●항공권을 보겠습니다.
航空券を拝見いたします。
코-꾸-껭오 하이껭이따시마스.

◐네, 여기 있습니다.
はい、どうぞ。
하이, 도-조.

---

① 여기서 체크인할 수 있습니까?

② 탑승 개시는 몇 시부터입니까?

③ 출국카드는 어디서 받습니까?

④ 그 비행기를 못 타면 곤란한데요.

⑤ 짐의 초과요금은 얼마입니까?

⑥ 이것은 기내에 가지고 들어갈 수 있습니까?

⑦ 231편 탑승 게이트는 여기입니까?

필수 단어

체크인	**チェックイン**	쳇쿠잉
출국카드	**出国カード**	슉꼬꾸카-도
규정중량	**規定重量**	기떼-쥬-료-
초과요금	**超過料金**	쵸-까료-낑
창가 좌석	**窓際の席**	마도기와노 세끼
탑승개시	**搭乗開始**	토-죠-카이시
탑승구	**搭乗口**	토-죠-구찌
편명	**便名**	빔메-

필수 표현

① ここでチェックインできますか。
고꼬데 쳇쿠잉 데끼마스까?

② 搭乗開始は何時からですか。
토-죠-카이시와 난지까라데스까?

③ 出国カードはどこでもらえますか。
슉꼬꾸카-도와 도꼬데 모라에마스까?

④ その便に乗れないと困るんですが。
소노 빈니 노레나이또 고마룬데스가.

⑤ 荷物の超過料金はいくらですか。
니모쯔노 쵸-까료-낑와 이꾸라데스까?

⑥ これは機内に持ち込めますか。
고레와 키나이니 모찌꼬메마스까?

⑦ 231便の搭乗ゲートはここでいいんですか。
니햐쿠산쥬-이찌빈노 토-죠-게-또와 고꼬데 이인데스까?

귀국

공항 면세점에서

모든 출국수속을 마친 후 비행기에 탑승하기 전에 시간이 있으면 미처 사지 못했던 선물을 공항 면세점에서 구입할 수 있다.

◐ 이 술을 주세요.
このお酒をください。
고노 오사께오 구다사이.

◐ 알겠습니다. 탑승권을 보여 주세요.
かしこまりました。搭乗券を見せてください。
가시꼬마리마시따. 토-죠-껭오 미세떼 구다사이.

---

① 면세점은 어디에 있습니까?

② 면세로 살 수 있습니까?

③ 위스키를 2병 주세요.

④ 한국 원으로 지불할 수 있습니까?

⑤ 여기서 수취할 수 있습니까?

⑥ 몇 온스까지 면세가 됩니까?

⑦ 담배는 어떻습니까?

필수 단어

면세품	**免税品**	멘제-힝
보석	**宝石**	호-세끼
손목시계	**腕時計**	우데도께-
담배	**たばこ**	다바꼬
위스키	**ウイスキー**	우이스끼-
브랜디	**ブランディ**	부란디
화장품	**化粧品**	게쇼-힝
라이터	**ライター**	라이따-

필수 표현

① **免税店はどこにありますか。**
멘제-뗑와 도꼬니 아리마스까?

② **免税で買えますか。**
멘제-데 가에마스까?

③ **ウイスキーを2本ください。**
우이스끼-오 니홍 구다사이.

④ **韓国ウォンで払えますか。**
캉꼬꾸 원데 하라에마스까?

⑤ **ここで受け取れるのですか。**
고꼬데 우께또레루노데스까?

⑥ **何オンスまで免税されるのですか。**
낭 온스마데 멘제-사레루노데스까?

⑦ **たばこはいかがですか。**
다바꼬와 이까가데스까?

귀국

귀국 비행기 안에서

비행기에 타면 먼저 입국카드를 작성하고, 세관에 신고할 물건이 있으면 신고서를 작성한다. 물론 기내에서도 면세품을 구입할 수가 있다.

● 입국카드는 가지고 계십니까?
入国カードはお持ちですか。
뉴-꼬꾸카-도와 오모찌데스까?

● 네, 이것입니다.
はい、これです。
하이, 고레데스.

① 입국카드 작성법을 모르겠습니다.

② 입국카드 작성법을 가르쳐 주세요.

③ 이것이 세관신고서입니다.

④ 이 세관신고서는 누구나 다 기입해야 합니까?

⑤ 인천에 언제 도착합니까?

⑥ 예정대로 도착합니까?

⑦ 인천공항에서 내리십니까?

필수 단어

입국카드	**入国カード**	뉴-꼬꾸카-도
세관신고서	**税関申告書**	제-깐싱꼬꾸쇼
현지시간	**現地時間**	겐찌지깡
비행시간	**飛行時間**	히꼬-지깡
도착시간	**到着時間**	도-쨔꾸지깡
승무원	**乗務員**	죠-무잉
스튜어디스	**スチュワーデス**	스츄와-데스
승객	**乗客**	죠-까꾸

필수 표현

① 入国カードの書き方をわかりません。
뉴-꼬꾸카-도노 가끼까따오 와까리마셍.

② 入国カードの書き方を教えてください。
뉴-꼬꾸카-도노 가끼까따오 오시에떼 구다사이.

③ これが税関申告書です。
고레가 제-깐싱꼬꾸쇼데스.

④ この税関申告書は誰でも記入しなくてはいけないんですか。
고노제-깐싱꼬꾸쇼와 다레데모 키뉴-시나꾸떼와 이께나인데스까?

⑤ 仁川にはいつ着きますか。
인천니와 이쯔 쓰끼마스까?

⑥ 予定どおりに着きますか。
요떼-도-리니 쓰끼마스까?

⑦ 仁川空港で降りられますか。
인천쿠-꼬-데 오리라레마스까?

귀국

199

히라가나와 가타카나

히라가나

あ	か	さ	た	な	は	ま	や	ら	わ
아	카	사	타	나	하	마	야	라	와
い	き	し	ち	に	ひ	み		り	
이	키	시	치	니	히	미		리	
う	く	す	つ	ぬ	ふ	む	ゆ	る	ん
우	쿠	스	츠	누	후	무	유	루	응
え	け	せ	て	ね	へ	め		れ	
에	케	세	테	네	헤	메		레	
お	こ	そ	と	の	ほ	も	よ	ろ	を
오	코	소	토	노	호	모	요	로	오

*히라가나는 한자의 초서체가 변형된 문자로 인쇄, 필기의 기본 문자이다.

가타카나

ア	カ	サ	タ	ナ	ハ	マ	ヤ	ラ	ワ
아	카	사	타	나	하	마	야	라	와
イ	キ	シ	チ	ニ	ヒ	ミ		リ	
이	키	시	치	니	히	미		리	
ウ	ク	ス	ツ	ヌ	フ	ム	ユ	ル	ン
우	쿠	스	츠	누	후	무	유	루	응
エ	ケ	セ	テ	ネ	ヘ	メ		レ	
에	케	세	테	네	헤	메		레	
オ	コ	ソ	ト	ノ	ホ	モ	ヨ	ロ	ヲ
오	코	소	토	노	호	모	요	로	오

*가타카나는 한자의 자획을 취한 글자로 주로 외래어를 표기할 때 쓰인다.

부록

일본어 숫자읽기
고유숫자 · 월일의 표현
요일 · 때를 나타내는 말
여러 가지 지시사
사람 · 방향 · 위치를 나타내는 말

일본어 숫자읽기

1. 일	一(いち)	이찌
2. 이	二(に)	니
3. 삼	三(さん)	상
4. 사	四(し・よん)	시・용
5. 오	五(ご)	고
6. 육	六(ろく)	로꾸
7. 칠	七(しち・なな)	시찌・나나
8. 팔	八(はち)	하찌
9. 구	九(きゅう・く)	큐-・쿠
10. 십	十(じゅう)	쥬-
20. 이십	二十(にじゅう)	니쥬-
30. 삼십	三十(さんじゅう)	산쥬-
40. 사십	四十(よんじゅう)	욘쥬-
50. 오십	五十(ごじゅう)	고쥬-
60. 육십	六十(ろくじゅう)	로꾸쥬-
70. 칠십	七十(ななじゅう)	나나쥬-
80. 팔십	八十(はちじゅう)	하찌쥬-
90. 구십	九十(きゅうじゅう)	큐-쥬-
100. 백	百(ひゃく)	햐꾸
200. 이백	二百(にひゃく)	니햐꾸
300. 삼백	三百(さんびゃく)	삼뱌꾸
400. 사백	四百(よんひゃく)	용햐꾸
500. 오백	五百(ごひゃく)	고햐꾸
600. 육백	六百(ろっぴゃく)	롭뺘꾸
700. 칠백	七百(ななひゃく)	나나햐꾸
800. 팔백	八百(はっぴゃく)	함뺘꾸
900. 구백	九百(きゅうひゃく)	큐-햐꾸
1,000. 천	千(せん)	셍
2,000. 이천	二千(にせん)	니셍
3,000. 삼천	三千(さんぜん)	산젱
4,000. 사천	四千(よんせん)	욘셍
5,000. 오천	五千(ごせん)	고셍
10,000. 만	一万(いちまん)	이찌망
100,000. 십만	十万(じゅうまん)	쥬-망
1,000,000. 백만	百万(ひゃくまん)	햐꾸망
10,000,000. 천만	千万(せんまん)	셈망
100,000,000. 억	一億(いちおく)	이찌오꾸

고유숫자 · 월일의 표현

하나	一(ひと)つ	히또쯔
둘	二(ふた)つ	후따쯔
셋	三(みっ)つ	밋쯔
넷	四(よっ)つ	욧쯔
다섯	五(いつ)つ	이쯔쯔
여섯	六(むっ)つ	뭇쯔
일곱	七(なな)つ	나나쯔
여덟	八(やっ)つ	얏쯔
아홉	九(ここの)つ	고꼬노쯔
열	十(とお)	도-
몇 개	いくつ	이꾸쯔

1월	一月(いちがつ)	이찌가쯔
2월	二月(にがつ)	니가쯔
3월	三月(さんがつ)	상가쯔
4월	四月(しがつ)	시가쯔
5월	五月(ごがつ)	고가쯔
6월	六月(ろくがつ)	로꾸가쯔
7월	七月(しちがつ)	시찌가쯔
8월	八月(はちがつ)	하찌가쯔
9월	九月(くがつ)	쿠가쯔
10월	十月(じゅうがつ)	쥬-가쯔
11월	十一月(じゅういちがつ)	쥬-이찌가쯔
12월	十二月(じゅうにがつ)	쥬-니가쯔
몇 월	何月(なんがつ)	낭가쯔

1일	一日(ついたち)	쓰이따찌
2일	二日(ふつか)	후쯔까
3일	三日(みっか)	믹까
4일	四日(よっか)	욕까
5일	五日(いつか)	이쯔까
6일	六日(むいか)	무이까
7일	七日(なのか)	나노까
8일	八日(ようか)	요-까
9일	九日(ここのか)	고꼬노까
10일	十日(とおか)	도-까
며칠	何日(なんにち)	난니찌

요일·때를 나타내는 말

일요일	日曜日(にちようび)	니찌요-비
월요일	月曜日(げつようび)	게쯔요-비
화요일	火曜日(かようび)	카요-비
수요일	水曜日(すいようび)	스이요-비
목요일	木曜日(もくようび)	모꾸요-비
금요일	金曜日(きんようび)	낑요-비
토요일	土曜日(どようび)	도요-비
무슨 요일	何曜日(なんようび)	낭요-비

그제	一昨日(おととい)	오또또이
어제	昨日(きのう)	키노-
오늘	今日(きょう)	쿄-
내일	明日(あした)	아시따
모레	明後日(あさって)	아삿떼
매일	毎日(まいにち)	마이니찌

지지난주	先々週(せんせんしゅう)	센센슈-
지난주	先週(せんしゅう)	센슈-
금주	今週(こんしゅう)	콘슈-
다음주	来週(らいしゅう)	라이슈-
다다음주	再来週(さらいしゅう)	사라이슈-
매주	毎週(まいしゅう)	마이슈-

지지난달	先先月(せんせんげつ)	센셍게쯔
지난달	先月(せんげつ)	셍게쯔
이번달	今月(こんげつ)	콩게쯔
다음달	来月(らいげつ)	라이게쯔
다다음달	再来月(さらいげつ)	사라이게쯔
매월	毎月(まいげつ)	마이게쯔

재작년	一昨年(おととし)	오또또시
작년	去年(きょねん)	쿄넹
금년	今年(ことし)	코또시
내년	来年(らいねん)	라이넹
내후년	再来年(さらいねん)	사라이넹
매년	毎年(まいねん)	마이넹

여러 가지 지시사

이것	これ	고레
그것	それ	소레
저것	あれ	아레
어느 것	どれ	도레

여기	ここ	고꼬
거기	そこ	소꼬
저기	あそこ	아소꼬
어디	どこ	도꼬

이쪽	こちら・こっち	고찌라・곳찌
그쪽	そちら・そっち	소찌라・솟찌
저쪽	あちら・あっち	아찌라・앗찌
어느 쪽	どちら・どっち	도찌라・돗찌

이	この	고노
그	その	소노
저	あの	아노
어느	どの	도노

이런	こんな	곤나
그런	そんな	손나
저런	あんな	안나
어떤	どんな	돈나

이렇게	こう	고—
그렇게	そう	소—
저렇게	ああ	아—
어떻게	どう	도—

사람·방향·위치를 나타내는 말

저	私(わたくし)	와따꾸시
저, 나	私(わたし)	와따시
나	僕(ぼく)	보꾸
나	俺(おれ)	오레
당신	あなた	아나따
자네, 너	君(きみ)	기미
너	お前(まえ)	오마에
씨, 양	さん	상
이분	この方(かた)	고노카따
그분	その方(かた)	소노카따
저분	あの方(かた)	아노카따
어느 분	どの方(かた)	도노카따
누구	誰(だれ)	다레
어느 분	どなた	도나따
그, 그이	彼(かれ)	가레
그녀	彼女(かのじょ)	가노죠
위	上(うえ)	우에
가운데	中(なか)	나까
아래	下(した)	시따
왼쪽	右(みぎ)	미기
오른쪽	左(ひだり)	히다리
동쪽	東(ひがし)	히가시
서쪽	西(にし)	니시
남쪽	南(みなみ)	미나미
북쪽	北(きた)	기따
앞	前(まえ)	마에
뒤	後(うし)ろ	우시로
옆	横(よこ)	요꼬

레츠고 여행 일본어

- 엮은이 / 일본어교재연구원
- 펴낸이 / 윤 정 섭
- 펴낸곳 / 윤미디어

- 등록번호 / 제5-383호
- 등 록 일 / 1993년 9월 21일
- 주   소 / 서울시 중랑구 목2동 238-32
- 전   화 / (02) 972-1474
- 팩   스 / (02) 979-7605

※ 잘못 만들어진 책은 바꿔 드립니다.

여행 전 준비

1. 비자와 여권 체크

※**여권(PASSPORT) 이란?**

국가가 대외적인 목적으로 발행하는 신분증이며 국외로 나가는 자국민의 안전을 상대국에 요청하는 문서로서 해외에서는 한국인임을 증명하는 국제 신분증명서이다. 여권의 종류와 분류 내용 여권은 그 발급자의 신분과 여권의 기한등의 특성에 따라 나누어진다. 단수여권, 복수여권, 관용여권, 외교관여권, 임시여권, 군인여권, 동반자여권 등이 있다. 여권의 유효기간은 최소 3개월에서 6개월 이상 남아 있어야 한다.

※**여권의 종류와 발급대상**

■**일반여권**

• 복수여권
일반적인 국민을 대상으로 한 여권으로 여권기간은 5년이며 1회에 한하여 기간 연장이 허용되어 10년 사용가능하다.

• 단수여권
1년기한 안에 1회 출국만이 가능하며 본인의 요청에 의한 경우나 상습적인 여권 분실자로 관계기관에 조사를 받고 있는 사람에게 발급한다.

■**관용여권**
공무상으로 국외 여행을 해야하는 공무원과 정부 투자기관 임원 및 직원 등에게 발급한다.

■**거주여권**
해외 이주, 국외 입양, 해외 장기 체류자에게 발급한다.
※관용여권과 해외이주(이민)여권은 외교통상부 여권과에 신청.

여행 전 준비

※여권 신청에 필요한 서류

- 최근 6개월 이내에 촬영한 사진 2장(3.5cm×4.5cm)
- 최근 2개월 이내에 발급 받은 주민등록등본/주민등록증
- 신원 진술서 3부
- 병역 관계 서류(만 18세 이상 남자만 해당)
- 군 필자는 읍, 면, 동에서 발행한 국외여행신고서 1부
- 미필자는 지방병무청에서 발행한 국외여행허가서 1부

※여권 발급 절차

※해외에서 여권의 사용 용도

- 달러 환전시
- 비자 신청 및 발급시
- 출국 수속 및 항공기 탑승시
- 면세점에서 면세상품 구입시
- 국제 운전 면허증 만들때 또는 국제 청소년 연맹카드 만들때
- 여행자 수표로 대금 지급시 또는 현지 화폐로 환전시
- 여행자 수표 도난, 분실 후 재발급시
- 출국시 병역 의무자가 병무신고를 할 때와 귀국 신고를 할 때
- 여행중 한국으로 부터 송금되어 온 돈을 찾을 때
- 렌트 카 임대시

※비자(VISA)란?

개인이 타국으로 들어가려고 할 때 자기 나라 또는 체재중인 나라에 있는 그 나라 대사·공사·영사로부터 여권의 검사를 받고

서명을 받는 일이다. 타국인에게 발급하는 자국 입국 허가증으로 비자 발급은 발급국 고유의 권한으로 거절할 수도 있다. 또한 비자를 발급 받아도 공항에서 입국을 거절당할 수도 있고 특정 질환에 대한 신체검사를 요구하는 국가도 있다.

※ 비자 취득에 필요한 소요 일자를 확인해야 한다.

2) 각종 증명서

■ 국제 학생증
세계 어디서나 통용되는 학생증으로 미리 준비하여 가면 여러가지 할인혜택을 받을 수 있게 된다. 《학생증 사본, 반명함판 사진 1매, 신청서, 수수료》를 가지고 신청을 하면 된다.

■ 유스호스텔 회원증
세계 각국의 유스호스텔을 사용할 수 있는 회원증으로 한국유스텔연맹에서 발급한다.

■ 국제 운전 면허증
여행지에서 직접 운전을 할 것이라면 준비해야 한다. 신청은 관할 운전 면허시험장에서 한다.

3) 긴급상황 체크

※ 여행가기 전에 꼭 체크하여야 할 것들
- 여권
- 항공권 : 출국, 귀국일자, 노선, 유효기간을 확인한 후 복사본 필수
- 여분의 여권 사진
- 투숙 호텔 주소
- 위급할 경우 연락처
- 대사관(대한민국) 주소

여행 전 준비

- 수신자부담 전화번호
- 한국돈 : 공항세, 입·출국시 왕복 교통비를 준비한다
- 소형 계산기
- 필기도구, 수첩 : 항공권과 여권의 내용을 따로 적는다
- 카메라 필름 : 인천 공항 면세점에서 구입한 후 나가는 것이 저렴
- 사전, 회화집 : 자유 여행자의 필수품

4 여행자 수표

여행자 수표는 현금보다 환율이 좋고 분실이나 도난 사고시에도 회수가 가능하다는 점과 현금보다 휴대하기 간편하다는 점에서 편리하다. 하지만 단점으로는 현지에서 현금으로 재환전할 때 여행자 수표를 발행한 은행을 제외한 일반 환전소에서는 수수료를 받는다는 것이다.

여행자 수표의 종류에는 여러가지가 있는데 유럽에서는 토마스 쿡 여행자 수표가 미주, 동남아, 호주에서는 아메리칸 익스프레스 및 시티뱅크 여행자 수표가 유리하다.

5 현 금

현금은 쓰기에는 편리하지만 분실할 위험이 있으므로 보통 총 경비의 70%를 여행자 수표(T/C)로, 나머지 30%를 현금으로 준비하는 것이 좋다. 또 팁으로 줄 잔돈을 준비하면 편리하다.

6 신용카드

카드를 이용한 현금 서비스는 일반 회원의 경우 신용도에 따라 1~2천 달러(US$), 골드 회원은 2천 달러(US$)까지 인출이 가능한

데 현금 인출기에서 1회 5백 달러(US$)씩만 인출이 가능하므로 2~4회에 나누어 인출하면 된다.

국제적으로 통용되는 카드로는 Master Card, American Express Card, Diners Club Card, Visa Card 등이 있다.

⑦ 환 전

환율은 매일 바뀌므로 출발하기 전에 환전하는 것이 좋다. 환전은 세계 30여 개국의 화폐가 준비되어 있는 인천공항 환전소에서의 환전이 가장 편리하다. 미국은 달러, 유럽을 여행할 때는 유로화로 준비한다. 환전을 하려면 여권을 구비해야 하며 1회 가능 환전 액수는 미국달러 1만 달러(US$ 원화 약 천백만원)이다. 가능한 한 해당 각국 화폐로 한국에서 미리 바꾸어 가는 편이 유리하다. 왜냐하면 환전할 때마다 환율상의 불이익과 수수료를 떼기 때문이다. 즉 환전하는 횟수가 많을수록 불리하다.

⑧ 여행자 보험

여행중에 질병이나 사고를 대비하여 가입하는 보험으로 가입절차도 간소하고 비용도 저렴하다. 여행사를 통해 여행할 경우 여행사에서 단체로 가입하는 경우가 많다.

⑨ 개인 준비물

①가급적 필수품을 철저히 준비한다.
②복장은 방문국의 날씨에 맞춰 준비한다.
③지병이 있는 경우 의사와 상의해 영문 처방전을 준비한다.

여행 전 준비

④ 일상 상비약 등 구급 약통을 준비한다.
⑤ 준비물 목록(2주 체류 기준)
⇨ 양복 2벌(한벌은 상하 콤비로 스웨터나 티셔츠를 받쳐 입을 수 있는 캐주얼), 구김이 안 가는 바지, 스웨터, 티셔츠, 팬티, 가벼운 운동복, 와이셔츠, 런닝, 넥타이, 양말 각 3~4벌, 초봄·가을에는 코트
⑥ 화장용품, 면도기, 헤어드라이어, 치약, 칫솔
⑦ 바늘과 실, 단추, 우산
⑧ 명함 : 외국인 친구를 사귈 때

10 각 지역에 맞는 복장

여행 복장은 여행의 목적에 따라 다르다. (관광·비즈니스)
입고 있는 옷에 따라 외국인들의 대접이나 반응이 결정된다. 복장에 신경을 쓰지 않으면 비행기에서도 좋은 자리에 앉기 어려울 뿐 아니라, 입국시 불필요한 질문을 받거나, 짐 검사도 낱낱이 당하는 푸대접을 당할 수 있다. 상담 시에는 비즈니스맨으로써 예의를 갖춘 정장을, 관광시에는 청바지와 티셔츠처럼 활동성이 편하고 더러움이 별로 타지 않는 옷이 적당하다. 겨울에는 청바지, 스웨터, 짧은 점퍼를 준비하는 것이 좋다. 티켓, 돈 등을 보관할 수 있도록 주머니가 많은 것이 좋다.

※ 세계 여러 나라의 기후에 맞는 옷 준비

- 태국(방콕) - 연중 무더운 날씨로 선글라스, 모자 등을 준비해야 하며, 5월에서 10월의 우기에는 우비를 준비한다.
- 대만(대북) - 여름 복장이면 무난하며, 겨울은 우기이므로 우비를 준비하는 것이 좋다.
- 필리핀·싱가폴 - 땀 흡수가 잘되는 여름 옷을 준비한다.
- 미주 지역, 서부 지역 - 연중 온화하며 건조한 날씨가 많으므로 한국

의 봄, 가을 복장을 준비하면 된다. 겨울에 로스엔젤레스를 여행할 경우 스웨터나 가디건 등을 준비한다.
- 동부 지역 - 뉴욕 등지에서는 여름은 비교적 온화하나 겨울에는 한국의 겨울 복장을 준비한다.
- 하와이 - 한국의 여름 복장이면 무난하고, 선글라스와 모자를 준비한다.
- 캐나다(밴쿠버) - 비교적 온화한 날씨이며, 여름에도 서늘하다. 산악 지대를 여행할 때에는 스웨터나 방한복을 준비한다.
- 멕시코 - 기온이 온화하며 한국의 봄, 가을 복장을 준비한다.
- 브라질, 아르헨티나 - 한국과 계절이 반대이다. 여름에는 가벼운 셔츠 차림이 적당하며 겨울에는 보온이 가능한 점퍼나 긴 팔 셔츠를 준비한다.
- 시드니 - 한국과 계절이 반대이며, 연중 시원한 날씨로 한국의 봄, 가을 복장이 적당하다. 밤에는 쌀쌀하므로 가디건을 준비하여야 한다.
- 로마 - 약간 덥고 건조, 복장은 한국 기온에 맞추어 준비한다.
- 오클랜드 - 한국과 계절이 반대이며, 연중 기온차가 심하지 않다. 겨울에는 우비를 준비한다.
- 괌, 사이판 - 한국의 여름 옷을 준비한다.
- 런던 - 여름에는 시원하므로 긴 팔 셔츠가 좋으며, 10~4월까지는 방한복을 준비해야 한다.
- 파리 - 여름은 기온이 불규칙하므로 셔츠를, 겨울에는 코트나 방한복을 준비한다.
- 제네바 - 여름에도 스웨터나 가디건이 필요하며, 겨울은 추위가 매우 심하므로 방한구를 단단히 준비한다.
- 암스테르담 - 여름에는 온도와 습도가 적당하며, 겨울에는 안개와 비가 잦으므로 두꺼운 코트나 우비를 준비한다.

여행 전 준비

11 에티켓

※ 인사할 때 에티켓

 외국인과는 악수(Shaking Hands)가 가장 일반화된 인사법이다. 악수 외에는 목례(Bow), 포옹하며 양볼에 키스 나누기(Embrace), 여성의 손등에 입맞추기(Kissing Hand)등이 있다.

 악수 자세는 가벼운 미소를 지으며 상대의 눈을 바라본다. 상대의 키가 큰 경우 약간의 거리를 두고 손을 잡아 시선을 자연스럽게 맞춘다. 상대가 여성인 경우 원칙적으로 여성이 먼저 손을 내미나 요즘은 남성이 먼저 손을 내밀어도 결례가 아니다. 악수는 연장자가 먼저 청하는 것이 예의이다. 악수를 하면서 고개를 숙이는 것은 외국인에게 비굴하게 보이거나 자신 없어 보인다. 비즈니스맨의 경우 악수를 하며 상대 국가의 말로 간단한 인사를 하면 친근감을 준다.

 이탈리아, 독일, 스페인, 프랑스 등에서는 명함에 적는 호칭이 많다. 박사학위가 있고, 교수이며, 변호사를 겸하고 있다면 이름 앞에 모든 직함을 열거한다. 중국에서는 형식을 중시하며 회사명, 직명, 이름순이다. 상대가 자기 이름을 불러 달라고 말하기 전에 자신의 판단으로 상대의 이름을 먼저 부르는 것은 결례이다.

※ 대화할 때 에티켓

 구미인들은 상대의 시선을 바라보며 대화한다. 시선은 상대의 정신 상태를 나타낸다고 생각하여 대화시 시선을 안 주면 무관심한 것으로 오해한다. 불필요한 몸짓, 손짓, 행동을 하면 상대방에게 오해를 산다. 만일 시선을 옆으로 돌리면 이 장소에서 벗어나고 싶은 것으로 판단한다. 시선을 윗쪽으로 하면 자신 없는 자세로 보거나, 무언가를 생각하려는 것으로 비친다. 또한 상대를 무시하는 의미로도 인식된다. 시선을 아래쪽으로 내리면 사물을 논리적으로 사고하고 있다는 표시이며, 상대를 무시하고 있는 것으로 비친다.

※ 호칭 부르기

 여성을 부를 때 영어권에서 미혼은 "미쓰(Miss)", 기혼은 "미쎄스(Mrs)"로 부른다. 결혼 여부를 모를 때는 "미즈(Ms)"로 부르는 경우가 많다. 독일에서는 미혼은 "후로이라인(Fraulein)", 기혼은 "후라우(Frau)"라고 부른다. 프랑스에서는 미혼, 기혼을 모두 "마담"으로 부른다. 마담은 여성의 경칭으로 사용되기 때문에 굳이 "마드모아젤"을 사용할 필요가 없다.

 식당에서 종업원을 부를 때 "헬로(Hello)"나 "헤이(Hey)"라고 해서는 안 된다. 남성은 "웨이터(Waiter)", 여성은 "웨이트레스(Waitress)"라 부른다. 종업원이 서브했을 때 "감사하다(Thanks)"는 말은 하지 않아도 된다.

 최근 서양에서 여성들 가운데 레이디 퍼스트를 거부하는 경향도 있으니 레이디 퍼스트를 고집할 필요는 없다.

※ 바디랭귀지

 언어 소통이 안 되는 외국에서 몸짓 손짓도 때로는 유용한 의사 전달 수단이 될 수가 있지만 자칫 잘못하면 자신의 의도와는 다르게 난처한 경우에 처할 수도 있다. 때론 잘못된 몸짓, 손짓이나 태도로 감옥에 가고 목숨을 잃는 경우도 있다.

■ 각국의 제스처와 의미

⊙ 손바닥을 아래로 하여 손짓
- 누군가를 오라고 부르는 의미(중동, 극동지역)
- 가라는 의미(서구지역)

⊙ 손가락으로 하는 링 사인
- 돈(한국, 일본)
- 무가치함(남부프랑스)
- OK 표시(미국, 서유럽)
- 음탕하고 외설적인 사인(브라질, 남미)

⊙ 손바닥을 바깥쪽으로 향한 V자 사인
- 승리(유럽)
- 욕(그리스)

여행 전 준비

- 손등을 바깥쪽으로 향한 V자 사인
  - 꺼져버려(영국, 프랑스)   • 승리(그리스)
- 손바닥을 펴서 흔드는 행위
  - '안녕' 의 의미(유럽, 한국등)
  - 무챠 – 당신의 일이 잘되지 않기를 바란다(그리스)
- 어깨를 으쓱하면서 양손바닥을 하늘로 향하게 하는 행위
  - "내가 무엇을", "나는 모르겠는데"(구미)
- 수평으로 뿔 만들기   • 악령에 대한 자기방어의 표시(유럽)
- 두 손가락을 맞대는 행위   • 남녀의 동침 의미(이집트)

12 응급상황 발생시

해외 여행을 할 때면 사고나 돌발사태가 있을 수 있다. 그럴 때에는 침착하게 가까운 경찰서, 대사관을 찾아가 도움을 청한다.

만약 도움을 받아야 할 일이 생기면 미국은 911, 영국은 999, 독일은 112, 프랑스는 17번으로 전화를 한다.

※ 분실사고

• 여권 분실

여행 중 여권 분실은 가장 심각한 사고로 여행 중 빈도가 가장 높게 발생한다. 분실된 자신의 여권이 불법적으로 사용될 수도 있고, 국제 미아가 될 수도 있다. 분실에 대비 여권번호를 기억하거나 수첩, 가방 등 분실 위험이 적은 곳에 적어 둔다. 가급적 여권은 호텔에 보관하고 다른 증명서를 지참한다.

여권을 분실했을 때는 먼저 분실 지역 경찰서를 찾아가 분실 확인증명서를 발급 받는다. 우리 나라 대사관이나 총영사관을 찾아가 여권 분실 신고를 한다. 대사관이나 총영사관에서 임시 여행증명서(Travel Cer – tification)를 받는다.

• **소지품 분실**

해외 여행 중 지갑, 가방 등 소지품 분실은 대부분 자신의 부주의에 의해 생긴다. 분실을 방지하기 위하여 현금을 많이 지참하지 않도록 하고 부득이하게 현금을 많이 지참했을 시에는 호텔의 안전금고 (Safety Box)에 보관한다. 관광 여행시에는 지갑 등 소지품은 허리띠 가방(Belt Sack)에 넣고 다닌다. 공항, 기차역, 호텔 로비, 관광지 등은 사고 다발 지역이므로 항상 경계해야 한다.

• **항공권 분실**

항공권을 분실하였다면 발급 항공사의 지점이나 영업소를 찾아가 재발급 신청을 한다. 발권 항공사의 지점(영업소)이 없을 때는 탑승 항공사의 지점을 찾는다.

항공권 분실에 대비 발급 일자, 항공권 번호 등을 적어 둔다.

경우에 따라 재발급시 2~3일, 만약 주말이나 휴일이 겹칠 경우 1주일 가량 소요되기도 한다. 출발 일시가 급한 여행자는 새로 티켓을 구입하고 분실로 사용하지 않은 구간 요금은 귀국 후 환불받는 방법을 택한다.

• **여행자 수표와 신용카드의 분실**

사인이 되어 있지 않은 여행자 수표(Traveiier's Check)나 신용 카드 (Credit Card)는 습득자가 사용할 수 있다.

고액 수표를 갖고 나가거나 불필요하게 많은 카드를 지참하면 분실의 위험 부담이 크다.

미리 여행자 수표 발급 신청서 사본을 지참한다. 고액 대신 소액권을 발급받는다. 은행창구에서 수령 즉시 소지자란(Holdr's)에 여권 사인과 같은 사인을 한다. 사고에 대비 수표 번호나 카드 참고 사항을 적어 호텔에 남겨둔다. 분실시 먼저 국내 카드 발급사에 분실 신고를 하는 것이 가장 빠른 조치다. 다음 현지 카드 가맹 은행에 분실 신고를 한다.

출입국 수속

① 출국 수속

1 항공사 카운터에서 탑승 수속
- 공항 2층, 자신이 이용할 항공사의 카운터에서 짐을 부치고 좌석 배정을 받아 탑승권 받기

2 환전하기

3 병무 신고하기(남자)
- 항병무신고 사무소 3층 A카운터에서 확인필증 교부

4 출국세 공항 이용권 구입하기

5 출입국 신고서 작성하기

6 출국 심사대 들어가기 • 공항 이용권 제출하기

7 출국 심사 받기 • 여권, 탑승권, 출국신고서 제출하기

8 세관 신고하기
- 고가품은 신고필증(custom stamp)을 교부 받도록 한다.

9 보안검색 (금속탐지문 통과하기)

10 면세점 쇼핑하기
- 공항 면세점은 나갈 때만 이용할 수 있다.

11 탑승 게이트로 가서 기다리기
- 최소한 30분 전까지는 탑승권에 적힌 게이트 대기실에 도착해 있어야 한다

② 경유지 공항에서

※중간 기착지에서의 수화물 처리

경유지로 짐을 탁송했을 경우에는 도착표시(Arrival)를 따라간다. 화물 수취소 안내판(Baggage Claim)을 만난다. 최종 목적지로 탁송한 짐

과 보딩 패스에 적힌 출구번호(Gate No)를 확인한다.

※중간 기착지

장거리 노선의 경우 비행기의 급유와 승무원 교대, 기체점검 등으로 약 1시간 가량 중간 기착지에 머무른다. 모든 승객은 기내에서 공항 보세구역으로 안내된다.(쇼핑이나 휴식을 취할 수 있음) 기내에서 나올 때 서류 가방이나 귀중품(카메라, 여권 등)은 가지고 내린다. 공항에 따라 기내에서 내릴 때 중간기착승객 표시카드(재탑승시 필요)를 나눠준다. 시간에 맞춰(안내방송 나옴) 처음에 내렸던 게이트에 와서 기다리면 직원이 탑승 안내를 해준다.

※중간 기착지에서의 환승 절차

경유지(Transit) 공항은 목적지까지 한 번에 가는 항공편이 없어 중간에 갈아타는 공항을 말한다. 보통 2시간에서 하루 이상 연결 항공편을 기다리는 경우가 많다. 지나치게 촉박한 연결 항공편을 택하면 자칫 경유지에서 타야 할 항공기를 놓치는 경우가 일어날 수도 있으니 주의해야 한다. 중동, 아프리카, 동 유럽행의 경우 몇 시간 이상을 대기해야 하므로 적당한 휴식이나 쇼핑을 하며 시간을 보내는 것이 좋다.

③ 입국 수속

※입국 수속

도착하면 'Arrival', 'Immigration' 표시를 따라 이동한다. 아니면 사람들이 가는 방향으로 같이 따라가면 입국 심사대가 나온다. 어느 외국 공항에서나 입국 심사대는 내국인용과 외국인용이 있기 마련인데 외국인 전용 줄에 서 있으면 된다. 자기 차례가 되면 기내에서 미리 기입해 둔 ED카드를 여권에 끼워서 심사관에게 제출하면 되는 데, 어떤 나라에서는 돌아 갈 비행기표 제시를 요구하기도 한다. 때에 따라서는

출입국 수속

방문 목적이나 체류하는 동안 숙소가 어디냐, 체류기간은 어느 정도냐 등의 간단한 인터뷰를 하기도 하므로 당황하지 말고 대답하면 된다. 심사가 끝나면 짐을 찾으러 간다. 본인이 타고 온 항공기 번호가 표시된 컨베이어에서 자기 짐을 찾아 세관검사를 받으면 되는데 별 이상이 없으면 무사히 통과할 수 있다.

탁송화물을 투숙 호텔까지 전부 들고 갈 필요가 없을 때는 공항내 수화물 보관소(Baggage Deposit)에 보관해 두면 편하다.

※ 서류작성 기재 요령

- Name : 이름
- Surname 혹은 Family Name : 성
- Date of Birth : 생년월일
- Flight No : 탑승 항공기 편명
- Signature : 자필서명
- Occupation : 직업
- Purpose of Visit : 입국사유
  (예 : Travel – 여행 / Business – 사업)
- Intended Days of Stay : 체류 예정 일수 기재
- Male/Female (혹은 Sex 라고 표기함) : 남/녀로 구분 표기
- Place of Stay : 체류장소 기재

※ 세관 통과하기

세관에 신고해야 하는 품목은 새로 구입한 물건과 선물 등이며 음식물, 농작물, 동물성 품목은 반드시 신고하도록 되어 있다.

구입한 물건과 선물은 $400까지 세금을 안내지만 그 이상일 경우 일정액의 세금을 내야 한다. 현금은 1만 달러 이상을 소지할 경우 갖고 있는 총액을 정확히 신고해야 한다. 만일 신고를 하지 않거나 신고액이 실제와 다를 경우 재판에 회부될 수도 있다. 그 밖에 여행자들이 소지하고 있는 시계와 카메라, 귀금속 등은 출발지역의 세관에 미리 신고해서 여권에 기재 해두는 것이 편리하다.

MEMO

MEMO

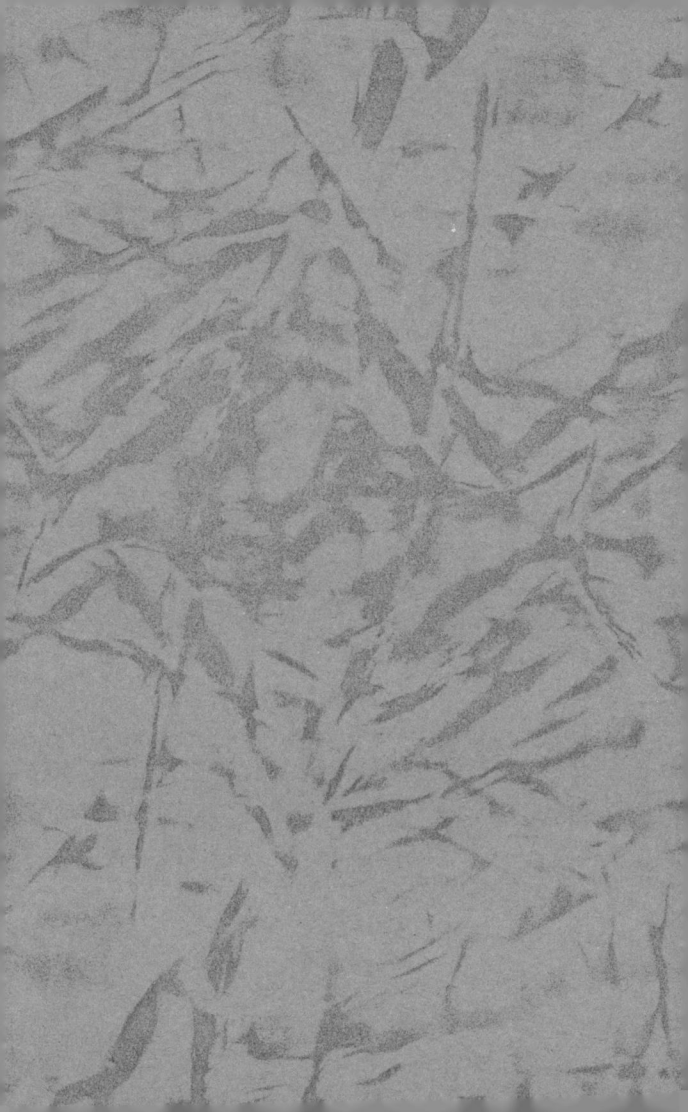

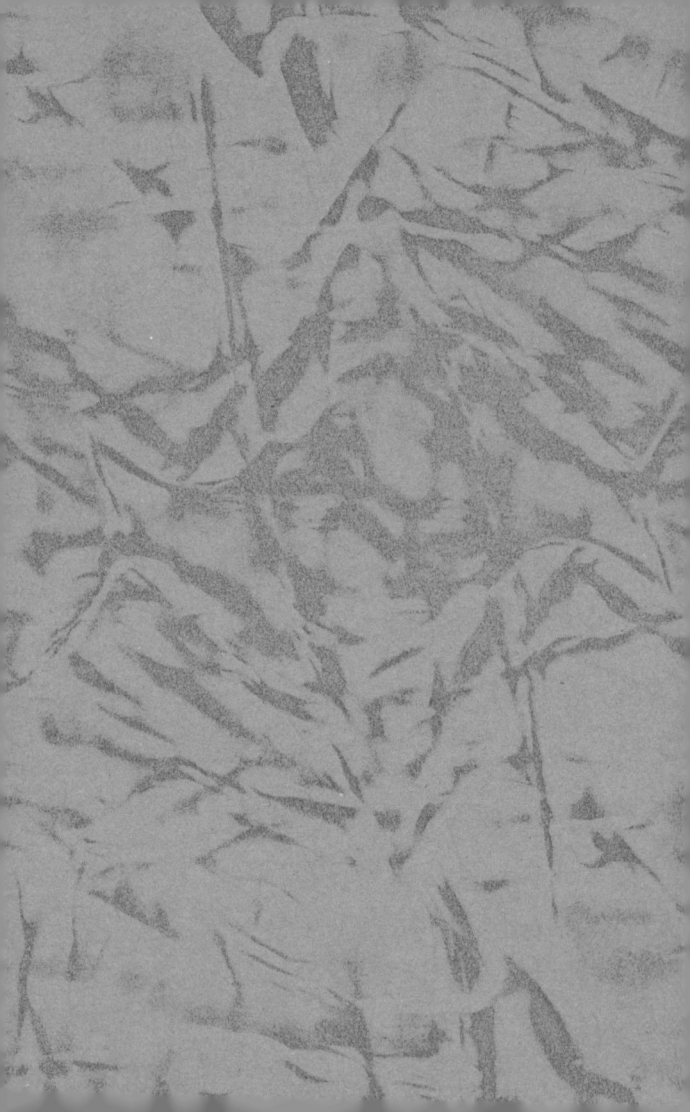